DE LA
MÉTAPHYSIQUE
D'ARISTOTE.

RAPPORT
SUR LE CONCOURS OUVERT
PAR L'ACADÉMIE DES SCIENCES MORALES ET POLITIQUES;

SUIVI

D'UN ESSAI DE TRADUCTION
DU PREMIER ET DU DOUZIÈME LIVRES DE LA MÉTAPHYSIQUE,

PAR V. COUSIN.

DEUXIÈME ÉDITION.

PARIS,
CHEZ LADRANGE, LIBRAIRE,
QUAI DES AUGUSTINS, N° 17.

1838.

LIBRAIRIE PHILOSOPHIQUE DE LADRANGE.

EXTRAIT DU CATALOGUE.

Ouvrages de M. Victor Cousin.

COURS DE PHILOSOPHIE, 1re série, de 1815 à 1820. 5 vol. in-8º. 30 fr.
— 2e série de 1828 à 1830. 3 volumes in-8º..................... 18 fr.
FRAGMENTS PHILOSOPHIQUES, 3e édition. 2 vol. in-8º....... 15 fr.
FRAGMENTS PHILOSOPHIQUES. — PHILOSOPHIE ANCIENNE, 2e édition, considérablement augmentée 1 vol. in-8º....... 7 fr. 50 c.
FRAGMENTS PHILOSOPHIQUES. — PHILOSOPHIE SCHOLASTIQUE, 2e édition... 7 fr. 50 c.
LEÇONS DE PHILOSOPHIE SUR KANT, 1 vol. in-8........... 7 fr.
DES PENSÉES DE PASCAL, 1 vol. in-8. 1845. 2e édition, revue et augmentée.. 7 fr. 50 c.
Ouvrage autorisé par le Conseil royal de l'instruction publique.
MANUEL DE L'HISTOIRE DE LA PHILOSOPHIE, traduit de l'allemand de Tennemann. 2 vol. in-8º, 2e édition, corrigée et augmentée.... 15 fr.
ŒUVRES PHILOSOPHIQUES DE MAINE DE BIRAN, publiées par M. V. Cousin. 4 vol. in-8º.................................. 24 fr.
DE LA MÉTAPHYSIQUE D'ARISTOTE, rapport sur le concours ouvert par l'Académie des Sciences Morales et Politiques; suivi d'un Essai de traduction des 1er et 2e livres de la Métaphysique. 1 volume in-8º, 2e édition... 4 fr.
ŒUVRES COMPLÈTES DE DESCARTES, publiées par le même, 11 volumes in-8º.. 40 fr.
ŒUVRES COMPLÈTES DE PLATON, traduites en français et publiées par le même. 13 vol. in-8º.................................. 113 fr.
FRAGMENTS LITTÉRAIRES. 1 fort volume in-8º.......... 7 fr. 50 c.
JACQUELINE PASCAL. 1 volume in-18...................... 5 fr.
ŒUVRES PHILOSOPHIQUES DU P. ANDRÉ. In-18..... 3 fr. 50 c.
FRAGMENTS DE PHILOSOPHIE CARTÉSIENNE. In-18... 3 fr. 50 c.

PUBLICATIONS PHILOSOPHIQUES DE 1845.

ABÉLARD, par M. Ch. de Rémusat, membre de l'Institut. 2 vol. in-8. 1845.. 15 fr.
DE LA PHILOSOPHIE ALLEMANDE, Rapport à l'Académie des Sciences morales et politiques, précédé d'une Introduction sur la doctrine de Kant, de Fichte, de Schelling et de Hégel, par M. Ch. de Rémusat. 1 vol. in-8. 1845.................................. 6 fr.
CRITIQUE DE LA RAISON PURE, par Emm. Kant. 2e *édition en français*, traduite sur la 1re édition allemande : contenant tous les changements faits par l'auteur dans la 2e édition, des notes et une Biographie de Kant, par J. Tissot, professeur de philosophie à la Faculté des lettres de Dijon. 2 vol. in-8. 1845.............................. 15 fr.
CRITIQUE DU JUGEMENT, suivie d'un Essai sur le beau, par Emm. Kant, traduite en français par M. Jules Barni, professeur de philosophie au collège Charlemagne, avec une Introduction du traducteur. 2 vol. in-8. 1845.. 13 fr.
DE L'ÉCOLE D'ALEXANDRIE. Rapport à l'Académie des Sciences morales et politiques, précédé d'un Essai sur la méthode des Alexandrins et le mysticisme, et suivi d'une traduction des morceaux choisis de Plotin, par M. B. Saint-Hilaire, membre de l'Institut. 1 vol. in-8. 1845. 6 fr.

MÉTHODE POUR ARRIVER A LA VIE BIENHEUREUSE, par Fichte, avec une Introduction de Fichte fils, traduite de l'allemand par Francisque Bouillier, professeur en philosophie à la Faculté des Lettres de Lyon. 1 vol. in-8. 1845... 7 fr.

BRUNO ou **DU PRINCIPE DIVIN ET NATUREL DES CHOSES**, par de Schelling, trad. de l'allemand par Cl. Husson. 1 v. in-8. 1845. 4 fr.

MÉLANGES PHILOSOPHIQUES ET RELIGIEUX, par Bordas-Demoulin, auteur du *Cartésianisme* (ouvrage couronné par *l'Institut*). 1 vol. in-8. 1845... 7 fr. 50 c.

HISTOIRE DE L'ÉCOLE DE MÉGARE ET DES ÉCOLES D'ÉLIS ET D'ÉRÉTRIE, par M. C. Mallet, ancien élève de l'École Normale, professeur de philosophie au collége Saint-Louis. 1 vol. in-8°. 1845... 6 fr.

PRINCIPES DE PHILOSOPHIE PHYSIQUE, pour servir de base à la métaphysique de la nature et de la physique expérimentale, par L.-A. Gruyer. 1 vol. in-8. 1845... 7 fr. 50 c.

DE LA PHILOSOPHIE POSITIVE, par E. Littré, membre de l'Institut. 1 v. in-8. 1845... 2 fr.

PRÉCIS D'UN COURS ÉLÉMENTAIRE DE PHILOSOPHIE à l'usage des colléges, rédigé d'après le programme officiel de l'Université, avec l'indication des passages à consulter par Ch. Bénard, professeur de philosophie au collége de Rouen. 1 vol. in-8. 1845... 7 fr.

ÉLÉMENTS DE LA PHILOSOPHIE DE L'ESPRIT HUMAIN, par Dugald Stewart; traduits en français par M. L. Peisse: avec une Notice sur sa vie et ses travaux. 3 vol. in-12 format anglais. 1845, 10 fr. 50 c.

HISTOIRE DE L'ÉCOLE D'ALEXANDRIE, par M. J. Simon, professeur agrégé à la faculté des lettres de Paris, maître de conférence de philosophie à l'École normale. 2 vol. in-8. 1845... 16 fr.

MANUEL DE PHILOSOPHIE à l'usage des colléges, etc., par MM. J. Simon, Émile Saisset, et Amédée Jacques, professeurs de philosophie, 1 gros vol. in-8. 1845... 8 fr.

Pour paraître prochainement.

HISTOIRE DE LA PHILOSOPHIE ALLEMANDE, depuis Kant jusqu'à Hégel, par M. Willm, Inspecteur de l'Académie de Strasbourg. 4 gros vol. in-8.

CRITIQUE DE LA RAISON PRATIQUE, par Ém. Kant, traduit de l'allemand par M. Jules Barni, professeur agrégé de philosophie au collége Charlemagne. 1 vol. in-8

LES PETITS ÉCRITS DE KANT, traduits en français, par le même. 2 vol. in-8.

LETTRES A SPINOZA PAR JACOBI, traduites en français, in-12.

PUBLICATIONS PHILOSOPHIQUES DE 1844.

HISTOIRE DE LA PHILOSOPHIE CHRÉTIENNE, par le docteur Henri Ritter, traduit de l'allemand par J. Trullard. 2 gros vol. in-8. 1844... 15 fr.

Cet ouvrage fait suite à l'*Histoire de la philosophie ancienne*. 4 vol. in-8°. 32 fr.

LETTRES PHILOSOPHIQUES SUR LES VICISSITUDES DE LA PHILOSOPHIE, relativement à l'Origine et au Fondement des connaissances humaines depuis Descartes jusqu'à Kant, par le baron Pascal Galluppi, professeur de philosophie à l'Université royale de Naples; traduites de l'italien sur la 2e édition par L. Peisse, 1 vol. in-8. 1844... 6 fr.

LOGIQUE D'ARISTOTE, traduite en français *pour la première fois*, et accompagnée de Notes perpétuelles, par M. Barthélemy St-Hilaire, professeur de philosophie au Collége de France. 4 v. gr. in-8. 1845. 30 fr.

PENSÉES SUR LA LIBERTÉ DE PHILOSOPHER EN MATIÈRE DE FOI, par Ch. Martin Wieland, suivies des Réflexions du traducteur sur le Rapport de la liberté de conscience. 1 v. in-8. 1844. 4 fr.

THÉORIE DE LA RAISON IMPERSONNELLE, par M. Francisque Bouillier, membre correspondant de l'Institut, professeur à la Faculté des Lettres de Lyon. 1 vol. in-8. 1844.................... 6 fr.

ESSAI D'UNE NOUVELLE THÉORIE SUR LES IDÉES FONDAMENTALES, ou les Principes de l'entendement humain, par F. Perron, professeur de philosophie à la Faculté des Lettres de Besançon. 1 vol. in-8. 1844.. 7 fr.

DES CAUSES CONDITIONNELLES ET PRODUCTRICES DES IDÉES, ou de l'Enchaînement naturel des propriétés et des phénomènes de l'âme, par Gruyer. 1 vol. in-8. 1844.................... 6 fr.

TRAITÉ DE LOGIQUE ou Essai sur la théorie de la science, à l'usage des établissements de l'instruction secondaire, par Duval-Jouve, professeur de philosophie. 1 vol. in-8. 1844.................... 6 fr.
Ouvrage autorisé par le Conseil royal de l'instruction publique.

LA SCIENCE DU VRAI, philosophie théorique et pratique, spéculative et expérimentale, traduite de l'allemand de Koenig. 1 v. in-8. 1844. 6 fr.

DE LA CERTITUDE DANS SES RAPPORTS AVEC LA SCIENCE ET LA FOI, par Édouard Mercier. 1 vol. in-8° 1844. 6 fr.

HEGEL ET LA PHILOSOPHIE ALLEMANDE, ou Exposé et examen critique des principaux systèmes de la philosophie allemande, par Ott. 1 vol. in-8. 1844.................................... 7 fr.

Livres de Fonds.

HISTOIRE DE LA PHILOSOPHIE ANCIENNE, par le docteur Henri Ritter, professeur à l'Université de Kiel, traduit de l'allemand par M. J. Tissot, professeur de philosophie à la Faculté des lettres de Dijon, 4 gros vol. in-8. 1837.. 32 fr.

PSYCHOLOGIE EXPÉRIMENTALE, par M. l'abbé Bautain, chanoine honoraire de Strasbourg, professeur de philosophie à la Faculté des lettres, docteur en théologie, en médecine et ès-lettres. 2 vol. in-8. 1839.. 14 fr.

PHILOSOPHIE MORALE, par M. l'abbé Bautain, chanoine honoraire de Strasbourg, etc., 2 gros vol. in-8 1842........................ 16 fr.

MÉLANGES PHILOSOPHIQUES, 2e édit., revue et augmentée d'un nouveau fragment, par M. Th. Jouffroy. 1 vol. in-8. 1838........... 8 fr.

NOUVEAUX MÉLANGES PHILOSOPHIQUES, par Th. Jouffroy (*posthumes*), publiés par M. Damiron, 1 vol. in-8. 1842............. 8 fr.

ESSAIS DE PHILOSOPHIE, par Ch. de Rémusat, membre de l'Institut. 2 vol. in-8. 1842.. 15 fr.

VIE DE JÉSUS, ou Examen critique de son histoire; par le docteur Frédéric Strauss, traduit de l'allemand sur la dernière édition, par M. Émile Littré, de l'Institut, 4 vol. in-8. 1840........................ 24 fr.

SYSTÈME DE L'IDÉALISME TRANSCENDANTAL, par Schelling, suivi : 1° d'un jugement sur la philosophie de M. V. Cousin, et sur l'état de la philosophie en France et de la philosophie en Allemagne; 2° du discours prononcé à l'ouverture de son cours de philosophie à Berlin, le 15 novembre 1841 : traduit de l'allemand par M. Paul Grimblot, avec une très-longue Notice du traducteur sur M. Schelling et ses ouvrages. 1 vol. in-8 1842.. 7 fr. 50 c.

DOCTRINE DE LA SCIENCE, de J.-G. Fichte, traduit de l'allemand par M. Paul Grimblot, avec une notice du traducteur sur Fichte et sa philosophie, 1 vol. in-8. 1843.................................... 7 fr. 50 c.

DE LA DESTINATION DU SAVANT ET DE L'HOMME DE LETTRES, par Fichte, traduit de l'allemand par M. Nicolas, professeur de philosophie à la Faculté de théologie de Montauban, 1 vol. in-8. 1838..... 2 fr.

ÉTUDES SUR LE TIMÉE DE PLATON, avec la traduction et le texte en regard, par Henri Martin, doyen de la Faculté des lettres de Rennes, et professeur de littérature ancienne. 2 vol. in-8. 1841............ 14 fr.

DE LA LOGIQUE D'ARISTOTE, par Barthélemy St-Hilaire, professeur de philosophie ancienne au Collège de France ; *Mémoire couronné en 1837 par l'Académie des Sciences morales et politiques.* 2 v. in-8. 1838. 14 fr.

ANTHROPOLOGIE SPÉCULATIVE GÉNÉRALE, comprenant : 1° la psychologie expérimentale en elle-même et dans ses rapports avec la physiologie ; — 2° l'exposition et l'examen des doctrines de Bichat, de Cabanis, de Maine de Biran, de Bérard, de Broussais, Magendie, J. Muller, etc., sur le rapport du physique et du moral ; — 3° l'analyse très-détaillée et la critique de la physiognomonie de Lavater, et des leçons sur la phrénologie de Broussais ; — 4° enfin la psychologie rationnelle pure ; par J. Tissot, professeur de philosophie à la Faculté des Lettres de Dijon. 2 vol. in-8. 1843.. 15 fr.

COURS ÉLÉMENTAIRE DE PHILOSOPHIE, rédigé d'après le programme officiel des questions pour le baccalauréat ès-lettres, par le même. 2ᵉ édition presque entièrement refondue, 1 vol. in-8. 1840........ 6 fr. 50 c.
Autorisé par le Conseil royal de l'instruction publique.

HISTOIRE ABRÉGÉE DE LA PHILOSOPHIE, par le même. 1 vol. in-8. 1840... 6 fr.
Autorisé par le Conseil royal de l'instruction publique.

DE LA MANIE DU SUICIDE ET DE L'ESPRIT DE RÉVOLTE, DE LEURS CAUSES ET DE LEURS REMÈDES, par le même. 1 vol. in-8. 1840... 6 fr. 50 c.

ÉTHIQUE OU SCIENCE DES MŒURS, par le même. 1 volume in-8. 1840... 6 fr.

PRINCIPES MÉTAPHYSIQUES DU DROIT, suivis d'un Projet de paix perpétuelle, par Emm. Kant, et de l'analyse détaillée des deux ouvrages, par M. Mellin ; trad. de l'allemand par le même. 1 v. in-8. 1837. 7 fr. 50 c.

PRINCIPES MÉTAPHYSIQUES DE LA MORALE, par Emm. Kant, 2ᵉ édition, augmentée 1° d'une Analyse de l'ouvrage ; 2° d'une Analyse des fondements de la métaphysique des mœurs ; 3° d'une Analyse de la Critique de la raison pratique, par Mellin ; 4° d'un Traité de la Morale élémentaire d'après les principes de Kant, par Snell, traduit de l'allemand par J. Tissot. 1 vol. in-8. 1837.................. 7 fr. 50 c.

LEÇONS DE MÉTAPHYSIQUE PAR KANT, précédées d'une introduction par Poelitz, traduit de l'allemand par J. Tissot. 1 vol. in-8. 1843... 7 fr.

LOGIQUE DE KANT, suivie de fragments du même auteur relatifs à la Logique, traduit de l'allemand par M. J. Tissot. 1 vol. in-8. 1840.. 6 fr.

LA RELIGION DANS LES LIMITES DE LA RAISON, par Kant, traduit de l'allemand par J. Trullard, avec une lettre adressée au traducteur par M. E. Quinet. 1 vol. in-8. 1841.................... 7 fr. 50 c.

FRAGMENTS DE PHILOSOPHIE, par M. Hamilton, professeur de logique et de métaphysique à l'Université d'Edimbourg, traduit de l'anglais par L. Peisse, avec une longue préface, des notes et un appendice du traducteur. 1 vol. in-8. 1840............................... 7 fr. 50 c.

MANUEL DE PHILOSOPHIE, par Ah. Matthiæ, traduit de l'allemand, par M. Porret, professeur de philosophie au collège Rollin. 1 vol. in-8. 1837.. 4 fr.

DOCTRINE RELIGIEUSE ET PHILOSOPHIQUE fondée sur le témoignage de la conscience, par Émile Hannotin. 1 vol. in-8. 1842.. 3 fr.

DE L'ÉCLECTISME, par Nicolas, etc. in-8. 1840............... 2 fr.
Ce volume est la réfutation du livre de Pierre Leroux.

LES GRANDEURS DU CATHOLICISME, par M. Auguste Siguier. 2 vol. in-8. 1841... 10 fr.

L'ÉDUCATION DE L'HUMANITÉ, par Gotthold-Éphraïm Lessing ; traduite pour la première fois et précédée d'une Introduction, par P. J. R. E. 1 vol. in-18. 1841................................ 1 fr. 25 c.

DE LA
MÉTAPHYSIQUE
D'ARISTOTE.

IMPRIMERIE DE H. FOURNIER ET Cie,
RUE DE SEINE, N° 14 BIS.

AVERTISSEMENT.

Platon et Aristote sont les deux fondemens de la philosophie ancienne et de toute philosophie. C'est Platon qui a mis dans le monde toutes les idées fondamentales ; c'est Aristote qui, leur imprimant des formes rigoureuses, a fondé la science à proprement parler, et lui a donné jusqu'au langage qu'elle parle encore aujourd'hui. Négliger l'un ou l'autre de ces deux grands hommes, c'est négliger en quelque sorte l'ame ou le corps de la philosophie : après avoir fait connaître l'un, je voudrais contribuer à faire aussi connaître l'autre.

La *Métaphysique* est le résumé et le faîte de la

philosophie d'Aristote, comme l'*Organum* en est l'instrument et le point de départ. C'est donc sur ces deux ouvrages et particulièrement sur le premier, que mon attention s'est dirigée depuis quelques années.

J'ai pris la Métaphysique d'Aristote pour le texte de mes conférences à l'École Normale, et l'essai de traduction du 1ᵉʳ et du 12ᵐᵉ livre, que je publie en ce moment, est un des résultats de ces conférences. Je ne me dissimule pas les imperfections de ce travail qui appartient presque autant aux élèves de l'École qu'à moi-même; mais on voudra bien excuser ces imperfections sur l'extrême difficulté du texte et la haute importance de la matière.

Le 1ᵉʳ livre de la *Métaphysique* est la préface de l'ouvrage, comme le xiiᵉ livre en est la conclusion. Cette préface contient la méthode même d'Aristote et ses vues les plus générales. Elle marque une ère nouvelle en philosophie. Elle constitue d'un seul coup la science et son histoire. Ici comme ailleurs, Aristote fonde et organise; et par conséquent il n'exclut rien, il classe tout, les systèmes comme les idées et les choses. Au lieu de dédaigner les systèmes de ses prédécesseurs, il les recherche, les étudie, et, par une analyse approfondie, les ramène à leurs principes élémentaires. Il n'admet exclusivement aucun de ces principes, et il n'en rejette absolument aucun; il les comprend tous, et donne à chacun d'eux sa place légitime dans l'ample sein de la science nouvelle qu'il établit au-dessus d toutes les sciences particulières ; à savoir, la la science des principes et des causes, la philosophie première. Il y a là, s'il est permis de le dire, des traits d'éclectisme dont il est impossible de ne pas être vivement frappé.

Le douzième livre est loin d'être aussi achevé que le premier pour la composition et pour le style. On peut le diviser en deux parties : les cinq premiers chapitres, qui résument tous les livres antérieurs, et les cinq derniers, qui renferment la théodicée d'Aristote. Cette théodicée ne pouvait donc être, et elle n'est en effet qu'une ébauche, mais c'est une ébauche de la plus étonnante grandeur. C'est là que, parmi des contradictions et des obscurités qui peut-être ne seront jamais entièrement levées, se rencontrent en foule toutes ces idées sur lesquelles les siècles ont travaillé, et qui, mises au monde trois cents ans avant notre ère, ont constamment reparu à toutes les grandes époques de la philosophie, à mesure qu'on pénétrait davantage dans les profondeurs du problème de l'existence et de la nature du premier principe. Prenez les formules les plus hautes dans lesquelles le génie moderne, fécondé par le christianisme, a exprimé les derniers résultats de ses méditations, Dieu considéré comme un acte permanent, *actus immanens;* la substance ramenée à la cause, l'être à la force, l'être des êtres à la force des forces, à la monade des monades, l'action harmonieuse de toutes les monades entre elles vers une fin commune qui est excellente et dans un système général qui est parfait; enfin la suprême intelligence posée comme l'absolue identité du sujet et de l'objet de la pensée dans l'unité du penser éternel se pensant lui-même éternellement; toutes ces fortes paroles de saint Thomas, de Leibnitz, et de la dernière philosophie allemande, que sont-elles autre chose sinon des traductions plus ou moins fidèles, plus ou moins profondes de quelques phrases des cinq derniers chapitres de ce douzième livre? Je puis donc présenter ce livre en toute confiance à l'étude des esprits les plus distingués de notre temps en France et ailleurs, comme je l'ai fait à celle des élèves de l'École Normale.

J'ai mis en tête de la traduction de ces deux livres, le rapport présenté à l'Académie des sciences morales et politiques, au nom de la section de philosophie, sur le concours relatif à la Métaphysique d'Aristote. Les deux Mémoires couronnés ont surpassé toutes mes espérances. Le public, qui a maintenant entre les mains les ouvrages de M. Ravaisson et de M. Michelet, peut les juger lui-même, ainsi que les critiques et les éloges du Rapporteur.

L'Académie des sciences morales et politiques, fidèle à la pensée qui lui avait inspiré ce premier concours, en a ouvert un second sur l'*Organum* d'Aristote, dont voici le programme :

1.° Discuter l'authenticité de l'*Organum* et des diverses parties dont il se compose ;

2° Faire connaître l'*Organum* par une analyse étendue ; déterminer le plan, le caractère et le but de cet ouvrage ;

3° En faire l'histoire, exposer l'influence de la logique d'Aristote sur les grands systèmes de logique de l'antiquité, du moyen-âge et des temps modernes ;

4° Apprécier la valeur intrinsèque de cette logique et signaler les emprunts utiles que pourrait lui faire la philosophie de notre siècle.

(Les mémoires doivent être remis à l'Académie avant le 1er janvier 1837.)

Le prix cette fois a été accordé à un mémoire de M. Barthelémy Saint-Hilaire qui, surtout pour l'érudition et pour la critique, mérite une place distinguée à côté de ceux de MM. Ravaisson et Michelet.

Il ne serait pas juste non plus de passer sous silence les estimables travaux de M. Tissot, qui, dans l'un et l'autre concours, a obtenu une mention très honorable.

Dans une sphère moins élevée l'étude de la philosophie péripatéticienne est aussi en honneur; je veux parler des thèses modestes que les jeunes philosophes de l'Université présentent à la faculté des lettres de l'Académie de Paris, pour obtenir le grade de docteur. On sait qu'en Allemagne et en Hollande, ces thèses de doctorat sont en général des monographies, ou des dissertations sur tel ou tel point de philosophie ancienne, et que ces travaux de jeunes gens studieux et instruits ont été très profitables à l'histoire de la philosophie. Je me suis efforcé de donner cette direction aux thèses des jeunes professeurs de philosophie sortis de l'École Normale; et chaque année voit ainsi paraître plus d'une dissertation contenant des recherches utiles. Je n'en citerai que deux qui se rapportent à Aristote, à savoir : une thèse de M. Vacherot, soutenue en 1836, *théorie des premiers principes selon Aristote*, et deux autres de M. Jacques, en 1837, l'une en français, *Aristote considéré comme historien de la philosophie*; l'autre en latin, *de Platonicâ idearum doctrinâ qualem eam fuisse tradit Aristoteles et de iis quæ Aristoteles in eâ reprehendit*.

Enfin, comme membre du conseil royal de l'instruction publique, chargé en cette qualité de présider chaque année le concours d'agrégation de philosophie, j'ai considéré comme un devoir de lier intimement l'histoire de la science à la science elle-même, et d'encourager particulièrement l'étude de la philosophie ancienne qui se rattache de toutes parts aux études classiques. En conséquence, j'ai toujours eu le soin de faire porter une des épreuves du concours d'agrégation sur les systèmes philosophiques de l'antiquité, et la Métaphysique d'Aristote a presque toujours fait partie de cette épreuve. Je prends la liberté de donner ici le programme des questions proposées pour le concours d'agrégation de cette année :

« L'épreuve de l'argumentation portera sur la *République* de Platon et sur la *Métaphysique* d'Aristote.

Ces deux sujets se diviseront dans les questions particulières qui suivent :

RÉPUBLIQUE.

1º Quel est le véritable but et le plan de la *République*?
2º Exposer et discuter la théorie des *Idées*; comparer les passages de la *République* où cette théorie est exposée, aux passages analogues du *Phèdre*, du *Phédon* et du *Parménide*;
3º Comparer dans leurs divers rapports la *République*, le *Politique*, le *Gorgias* et les *Lois*.
4º Apprécier le jugement général qu'Aristote a porté de la *République*, au livre II de la *Politique*, et les critiques particulières qu'il en a faites dans d'autres parties de ce même ouvrage.

MÉTAPHYSIQUE.

1º Donner une analyse succincte de chacun des livres

de la *Métaphysique*, en reproduisant et expliquant les formules les plus importantes qu'Aristote a introduites dans le langage de la science ;

2º Discuter l'ordre des différens livres de la *Métaphysique*, et déterminer le but de la composition ;

3º Présenter une analyse détaillée du premier livre ; en apprécier le caractère et la valeur ;

4º Faire le même travail sur le livre XII qui renferme la théodicée d'Aristote.

5º Insister sur l'exposition du système de Platon et de la théorie des idées ; reproduire la réfutation qu'Aristote a donnée de cette théorie, particulièrement au livre 1er, et aux livres XII, XIII et XIV ; discuter et apprécier cette réfutation. »

Espérons que ces efforts soutenus ne seront pas inutiles à la réhabilitation de la philosophie d'Aristote. Depuis la chute de la scholastique, je suis peut-être le seul de mes compatriotes qui ait fait des leçons sur la Métaphysique. Le dernier, je crois, qui l'ait enseignée avec un peu d'éclat, est Ramus (*Scholæ metaphysicæ*, Paris, 1566) ; et en sa qualité de novateur il la combattit et devait la combattre. Mais le même esprit qui poussait Ramus et son siècle contre Aristote, doit, aujourd'hui que Platon est suffisamment connu et apprécié, nous ramener vers son rival ; car ce rival est tombé de son trône et déchu à jamais de la domination universelle. Du moins de cette infaillibilité usurpée doit-il lui rester l'autorité légitime de l'un des plus grands esprits qui aient éclairé le monde. D'ailleurs, aujourd'hui que l'histoire de la philosophie tend à se constituer comme une science véritable, et indépendante jusqu'à un certain point des mouvemens de la philosophie elle-même, de l'action et de la réaction des écoles qui dominent tour à tour, ce n'est pas dans telle ou telle vue particulière qu'il convient de réhabiliter l'étude de la Métaphysique d'Aristote; c'est pour procurer la connaissance et l'intelligence de l'un des plus grands monumens du génie philosophique, avec cette espérance encore et cette encourageante conviction, que remettre la pensée d'un grand homme dans le commerce des esprits, ce n'est pas les ramener en arrière, c'est les porter en avant, c'est agrandir et accroître la philosophie contemporaine, en lui fournissant des données nouvelles; comme ces fleuves qui, loin d'être arrêtés par les grands courans qui s'y jettent, en reçoivent une impulsion plus rapide.

Ce 1er *février* 1838.

V. COUSIN.

RAPPORT

A L'ACADÉMIE

DES SCIENCES MORALES ET POLITIQUES,

SUR LES MÉMOIRES ENVOYÉS POUR CONCOURIR
AU PRIX DE PHILOSOPHIE, PROPOSÉ EN 1833 ET A DÉCERNER EN 1835,
SUR LA MÉTAPHYSIQUE D'ARISTOTE ;

AU NOM DE LA SECTION DE PHILOSOPHIE,

PAR M. V. COUSIN.

Lu dans les séances du 4 et du 11 avril 1835.

Sujet du prix de philosophie, mis au concours en 1833 : Examen critique de l'ouvrage d'Aristote intitulé *la Métaphysique*.

1° Faire connaître cet ouvrage par une analyse étendue et en déterminer le plan.

2° En faire l'histoire, en signaler l'influence sur les systèmes ultérieurs dans l'antiquité et les temps modernes.

3° Rechercher et discuter la part d'erreur et

la part de vérité qui s'y trouvent, quelles sont les idées qui en subsistent encore aujourd'hui, et celles qui pourraient entrer utilement dans la philosophie de notre siècle.

Les concurrens doivent avoir remis leurs mémoires avant le 1er janvier 1835.

MESSIEURS,

Depuis Descartes, la philosophie d'Aristote, après avoir régné si long-temps dans les écoles françaises, semblait avoir succombé avec la scholastique. Le dix-septième siècle lui enleva les esprits d'élite, qui peu à peu entraînent la foule; et lorsque au dix-huitième siècle une philosophie qui se prétendait issue d'Aristote, remplaça le Cartésianisme, l'enthousiasme qu'elle excita, au lieu de remonter jusqu'à l'auteur supposé de cette philosophie et de le ramener sur la scène, n'avait fait au contraire, en inspirant le dédain du passé, qu'augmenter et en quelque sorte consacrer l'indifférence générale pour un système déclaré inintelligible, et aussi vain dans son genre que celui de Platon dans le sien. Le nom d'Aristote n'appartenait plus qu'à l'histoire naturelle.

Et voilà cependant qu'au dix-neuvième siècle, une classe de l'Institut de France, une académie nouvelle et bien connue pour être dévouée à l'esprit nouveau, choisit pour le premier sujet de prix qu'elle propose en philosophie, l'examen de la *Métaphysique* d'Aristote.

Un pareil choix était une sorte d'évènement philosophique.

Et on pouvait ne pas être sans inquiétude sur les suites de ce concours. D'une part, le peu de temps, l'intervalle d'une seule année, accordé aux concurrens; de l'autre, la nouveauté de la question qui devait, ce semble, les trouver sans préparation; le peu de secours que fournissaient tous les travaux antérieurs, et l'accablante abondance de matériaux inutiles, la diversité et la profondeur des connaissances qu'imposait votre programme; ici une grande familiarité avec la langue grecque, pour déchiffrer un vieux monument sur lequel n'a pas encore passé la critique moderne; là une longue habitude de l'histoire de la philosophie pour retrouver et suivre, non pas à la surface, mais dans le fond même des doctrines, l'influence de la pensée d'Aristote; enfin une intelligence philosophique capable de comprendre cette pensée, de se mesurer en quelque sorte avec elle, et d'y marquer la limite de l'erreur et celle de la vérité: toutes ces difficultés réunies menaçaient votre concours de résultats peu satisfaisans.

Voici maintenant la réponse des faits à ces craintes qui ne vous avaient point arrêtés.

Dans le délai prescrit, neuf mémoires ont été envoyés au concours. Parmi ces mémoires, il y en a deux qui viennent de l'étranger. Un très petit nombre excepté, tous témoignent d'un long travail, et plusieurs sont des ouvrages étendus et de l'ordre le plus distingué, où le talent philosophique le dispute à l'érudition et à la critique.

Ceci prouve, Messieurs, que les sujets spéciaux et bien déterminés, si difficiles qu'ils soient d'ailleurs, sont un attrait pour le travail consciencieux. Ceci prouve encore qu'il s'est fait en France un grave changement dans les esprits; que l'histoire de la philosophie est enfin incorporée à la philosophie elle-même, et que cette alliance intime, les fécondant l'une et l'autre, a ramené le goût des grands problèmes, et fait naître celui de l'étude des grandes époques et des grands monumens de l'esprit humain. Quels fruits portera cette direction nouvelle? Le temps seul peut répondre à cette question; mais, en attendant, c'est un fait incontestable que cette direction existe. Votre concours la supposait; il la signale et il l'accroîtra.

Apprécier un pareil concours, étudier, classer et juger définitivement un aussi grand nombre de mémoires parmi lesquels il en est quatre ou cinq qui formeraient chacun un volume de 400 ou

500 pages in-8°, n'était pas l'affaire d'un moment; et votre section de philosophie, en me chargeant de l'honneur de la représenter auprès de vous, m'a imposé une tâche longue et pénible. J'aurais voulu l'abréger pour l'Académie; mais je devais une analyse étendue à des ouvrages aussi remarquables. Je vous la devais aussi, Messieurs. Il fallait à tout prix vous mettre à même de porter un jugement en parfaite connaissance de cause, dans une affaire où vous avez la responsabilité du vote; et votre rapporteur a dû moins redouter de fatiguer votre patience que de ne point éclairer assez votre religion.

Dans le rapport détaillé que je viens vous présenter, vous reconnaîtrez, j'espère, que je me suis efforcé d'analyser avec impartialité chaque mémoire, et que je me suis attaché surtout à bien caractériser la manière propre et le talent de chaque auteur. En effet, ce sont moins les doctrines que les talens qui sont ici au concours. Votre rapporteur a pu se porter juge de la solidité et de l'étendue des recherches, de la profondeur des discussions, de l'excellence des méthodes; mais sur le fond même des doctrines, il a cru devoir se tenir dans une certaine réserve. Sans doute il lui aurait semblé trop pusillanime, peu digne de sa bonne conscience et de la confiance que vous voulez bien placer en lui, de se faire scrupule d'intervenir quelquefois dans une matière qu'il a dû lui-même étudier sérieusement. Mais dans les cas assez rares où il n'a pu retenir son opinion personnelle, il est bien entendu que la section de philosophie ne prend pas la responsabilité des opinions de son rapporteur, et qu'elle ne répond que de ses conclusions sur le mérite relatif des mémoires.

J'entre maintenant en matière, et vais vous présenter l'analyse plus ou moins détaillée des neuf mémoires qui vous ont été adressés, à peu près dans l'ordre de leur importance.

N° 6.

Quis leget hæc? Prrs. (24 pages).

Ce petit écrit est une esquisse à laquelle nous ne nous arrêterons pas. Des trois parties du programme tracé par l'Académie, la première, l'analyse de la Métaphysique, visiblement faite sur la traduction latine de Bessarion, qui y est souvent citée, et sur les argumens placés en tête de l'édition de Duval, est assurément bien faible: mais les deux autres sont tout-à-fait nulles. Une pareille ébauche n'aurait pas dû être envoyée à l'Académie.

N° 8.

Mundi extera indagare, nec interest hominis, nec capit humanæ conjectura mentis.

Plin. (106 pages).

Le n° 8 est à peu près le n° 6 dans de plus grandes dimensions et avec plus de mérite.

Ce mémoire ne comprend guère que l'analyse de la Métaphysique, c'est-à-dire la première partie du programme. La seconde partie est à peine effleurée dans quelques indications historiques très superficielles et pleines d'erreurs; la troisième manque entièrement. Mais la première partie est traitée avec assez de soin. Les personnes qui ne pourraient pas lire la Métaphysique dans le texte, prendraient une idée assez juste, quoique un peu superficielle, du contenu des différens livres dont elle se compose, par les extraits que l'auteur en a donnés. Nous n'oserions pas assurer que ces extraits ont été faits sur le texte grec, et la trace de la traduction latine de Bessarion s'y rencontre habituellement; mais à défaut d'érudition, ils trahissent un esprit exercé à réfléchir.

L'auteur commence par déclarer que deux motifs puissans l'ont déterminé à reconnaître comme écrit authentique d'Aristote, la Métaphysique telle qu'elle existe aujourd'hui et dans l'ordre suivi dans la presque totalité des éditions. Il tire le premier motif de ce que personne, dit-il, n'a fixé ni même indiqué aucune époque où les prétendues additions aient pu avoir lieu; le second est puisé dans l'ouvrage lui-même, dans le genre d'écrire particulier à Aristote.

Le premier de ces motifs tombe de lui-même, les adversaires de l'authenticité de certaines parties et de l'ordre actuel de la Métaphysique ayant tous fixé, d'après les deux passages célèbres de Strabon et de Plutarque, l'époque d'Andronicus de Rhodes, comme celle où la Métaphysique d'Aristote fut pour la première fois publiée. Ce serait Andronicus qui aurait réparé les lacunes des manuscrits, déterminé l'ordre des parties et donné enfin l'édition sur laquelle Alexandre d'Aphrodisée a établi son commentaire. On peut contester l'autorité du récit de Strabon et de Plutarque; plusieurs critiques (1) l'ont fait avec plus ou moins de

---

(1) Brandis, *Rheinisches Musæum*, 1827, tome I, page 236-254.

succès, et votre rapporteur n'est pas éloigné de se joindre à eux dans une certaine mesure. Mais de quelque manière que l'on entende les deux passages en question, ils n'en subsistent pas moins, et le sens général qu'on y a attaché, l'usage qu'on en a fait, réfutent suffisamment le premier argument de notre auteur.

Le second est beaucoup plus solide. L'auteur soutient qu'on trouve dans toutes les parties de la Métaphysique « un style partout également « sententieux et serré, les mêmes formes de lan- « gage, une méthode toujours sévère qui exclut « tout écart d'imagination. » On y reconnaît comme dans tous les autres ouvrages d'Aristote « la même marche, la même forme de discussion « critique, la même manière d'exposer les ques- « tions, de les développer et de les résoudre, de « les représenter ensuite dans un résumé plus ou « moins court, plus ou moins frappant. Aristote « commence toujours par poser la question; puis « il examine et discute les opinions émises sur « cette question par ceux qui l'ont précédé; après « cet examen critique, il établit des principes, « divise, définit, et de déductions en déductions

---

259-286. Kopp, Ibid, 1829, tome III, page 93-104. Avant eux Schneider, édition de l'Histoire des animaux, tome I, epimet. II, III; et avant Schneider, un Français anonyme (Dom Liron), dans les *Aménités de la Critique*, Paris, 1717, *Journal des Savans*, juin 1717.

« arrive au but qu'il se propose, exprime son
« opinion, résume avec cet esprit d'analyse qui
« lui est particulier, tout ce qu'il a dit, et en
« présente un tableau où l'on peut aisément
« saisir l'ensemble et juger que toutes les parties
« sont entre elles dans la plus parfaite harmonie. »
Nous inclinons à cette opinion, sans aller toutefois
jusqu'à soutenir avec l'auteur que « le livre de la
« Métaphysique est parvenu jusqu'à nous tel qu'il
« a été écrit par Aristote. »

Selon l'auteur, les deux premiers livres de la
Métaphysique contiennent plus particulièrement
ce que nous appellerions la préface de l'ouvrage.
Les suivans, jusqu'au septième, formeraient une
espèce de discours préliminaire, et les autres, jusqu'à la fin, traiteraient le sujet même de la Métaphysique, c'est-à-dire la recherche des principes
des choses, la science des causes, la philosophie
première. Suivent des extraits de chaque livre, et
ces extraits faits avec intelligence fournissent à
l'auteur une occasion fréquente de revenir sur la
liaison des différens livres entre eux et sur l'ordonnance de l'ensemble. Voici comment, à la fin
de son analyse, il résume l'idée qu'il se fait du
but qu'Aristote s'était proposé dans la Métaphysique, du caractère de cet ouvrage et de la manière
dont il est composé.

« Des philosophes avaient recherché s'il y a u

« principe des choses; s'il n'y en a qu'un, ou s'il
« y en a plusieurs, quel il est, quelle est sa nature,
« ses qualités, etc. Aristote, qui voulait embrasser
« le cercle entier des connaissances humaines, n'a-
« vait admis pour base des recherches auxquelles
« il se livrait que les sens et l'observation; ici il
« crut devoir appliquer ses notions de physique
« aux choses qui s'élèvent au-dessus des connais-
« sances naturelles ou qui s'étendent au-delà;
« et cela, non dans un traité disposé avec art,
« d'après une méthode tout-à-fait rationnelle, ni
« d'après des principes littéraires tels que lui-
« même les avait établis ailleurs, et auxquels
« nous nous soumettons dans nos traités sur dif-
« férentes sciences; sa Métaphysique n'est, à mon
« avis, que l'analyse de ses leçons, ce que nous
« appellerions les cahiers d'un professeur obligé
« d'enseigner de vive voix une science nouvelle
« pour ses auditeurs, une science difficile, abs-
« traite. Un premier développement ne pouvait
« suffire pour en faire saisir ni les parties ni l'en-
« semble : de là, dans plusieurs livres de la Méta-
« physique, la répétition de ce qui précède,
« comme point de rappel des principes posés et
« de leurs conséquences déjà tirées. On trouve
« dans cet écrit une diction pure, mais qui a quel-
« que chose de sec et d'austère, et tout à la fois
« de serré et de nerveux, un ton magistral et

« dogmatique, mais pourtant sage et judicieux.
« Cet écrit a besoin d'être étudié pour être com-
« pris, et même encore après une étude suivie,
« il n'est pas sans quelque obscurité, que l'expli-
« cation verbale du maître dissipait facilement :
« en l'absence de ces explications, le sens profond,
« qui souvent n'est qu'indiqué, est très difficile
« à saisir. Il ne faut donc pas s'étonner de ce
« que la discussion très étendue et particulière à
« laquelle il avait promis de se livrer sur les
« systèmes récens des philosophes les plus accré-
« dités alors, sur les idées, les nombres et les
« raisonnemens mathématiques, discussion que
« l'on trouve dans les deux derniers livres, comme
« appendice à l'ouvrage entier, contienne des ré-
« pétitions des livres précédens, des redites
« étranges pour ceux qui n'en ont pas saisi le but.
« Le maître après avoir inculqué, autant qu'il
« était en lui, à ses disciples, ses principes et leurs
« conséquences, et développé les raisons de ses
« différentes conclusions, s'est trouvé forcé par la
« nature même de la discussion, d'en représen-
« ter une grande partie dans un tableau rac-
« courci, et même sans un ordre rigoureusement
« exact ; de rappeler aux disciples qui fréquen-
« taient son école tous les préceptes répandus
« dans son livre, et les principaux motifs sur les-
« quels il avait appuyé son système. Nous avons

« d'anciens traités de philosophie scholastique
« écrits suivant cette méthode, traités qui n'é-
« taient que des cahiers de professeurs, et qui
« aujourd'hui présentent beaucoup de difficultés
« pour être bien saisis, bien entendus ; et c'est
« parce qu'on trouve dans la plupart des écrits
« d'Aristote, et particulièrement dans celui dont
« il s'agit ici, une théorie neuve présentée avec
« un style très concis dans une réunion de cahiers
« auxquels manquent les leçons de vive voix du
« professeur, que ces mêmes écrits ont été ex-
« pliqués par une nuée de commentateurs, les-
« quels travaillant presque tous, chacun isolé-
« ment, sur tel ou tel ouvrage; n'en n'ont pas
« toujours saisi le vrai sens; et à tel point que
« l'ouvrage lui-même et son texte grec présentent
« moins de difficultés et sont plus clairs que les
« explications de la plupart des commentateurs. »

Sans adopter ni rejeter ces conclusions, nous exprimons le regret que l'auteur de cette analyse n'ait pas eu le temps de traiter avec le même soin les deux autres parties du programme de l'Académie; mais lui-même reconnaît qu'il est resté en dehors des conditions de votre concours.

N° 4.

Ξύνετοί εἰσι μόνοις τοῖς ἡμῶν ἀκούσουσι.

Epist. ad Alexandr. (14 pages in-fol.)

L'auteur du n° 4 s'est encore bien moins conformé à votre programme. Son écrit est un essai de traduction de la Métaphysique, essai sur lequel il sollicite l'opinion et les avis de l'Académie.

Bien que votre rapporteur ne se croie point obligé de sortir du cercle assez vaste des travaux que vous lui avez imposés, à savoir l'examen et la comparaison des mémoires admissibles au concours, toutefois l'importance du sujet, et le sentiment de la mission générale de l'Académie de favoriser les saines méthodes, de détourner du faux et de ramener sans cesse au vrai en tout genre, nous ont engagé à vous exposer brièvement et à soumettre à l'auteur les motifs qui nous font considérer les procédés qu'il a choisis comme absolument contraires à toute bonne critique et incapables de le conduire à son but, la propagation de la connaissance exacte de la Métaphysique d'Aristote.

L'auteur semble établir en principe que dans chaque ouvrage d'Aristote, les idées essentielles sont « noyées pour ainsi dire dans une immense « superfluité d'épisodes, de citations, d'explications « et d'exemples. » Il est inutile de relever une assertion aussi étrange et aussi contraire aux faits. On peut disputer et on dispute encore sur la place relative de certaines parties des ouvrages d'Aristote, et surtout de la Métaphysique; mais dans chaque partie, dans chaque livre, dans chaque morceau, ce qui frappe est précisément l'opposé des défauts que notre auteur impute à Aristote, c'est-à-dire une sobriété de paroles, une concision austère qui résume plus qu'elle ne développe, et qui ressemblerait à de la sécheresse sans une certaine virilité et force intérieure qui commande et soutient l'attention. C'est pourtant sur ce principe, de l'immense superfluité d'épisodes, de citations, d'explications et d'exemples, dans les ouvrages philosophiques d'Aristote, que l'auteur a bâti un système d'interprétation qui consisterait à reproduire seulement dans le texte ce qu'il considère comme la pensée essentielle du Stagirite et à rejeter dans des notes ce qu'il regarde comme épisodique, d'abord dans des notes au bas des pages ce qui se rapporte plus directement à la pensée fondamentale renfermée dans le texte, et puis dans des notes à la fin de l'ouvrage, ce qui s'y rapporte beaucoup plus indirectement. Tel est le plan d'après lequel l'auteur se propose de donner au public tout l'Organum et d'abord ici la Métaphysique, ou plutôt le premier livre de la Métaphysique ; car nous nous sommes assurés que son travail ne va pas au-delà de ce premier livre, et même qu'il ne le comprend pas en entier.

Que l'Académie se figure donc une suite de propositions numérotées, au nombre de quarante-trois, chacune sans aucun développement, c'est-à-dire sans preuves : voilà à quoi l'auteur réduit le premier livre de la Métaphysique d'Aristote. On dirait une suite d'aphorismes plus ou moins liés entre eux. Au bas des pages, et rapportées à quelques-uns de ces aphorismes, d'autres propositions destinées à éclaircir et à appuyer celles du texte ; enfin dans des notes plus étendues, des morceaux explicatifs, par exemple, tout ce qui, dans Aristote, se rapporte à l'histoire de la philosophie. C'est à l'aide de ce système, que l'auteur espère faire connaître à la jeunesse studieuse, comme il s'exprime, un philosophe qu'il considère comme le plus vaste et le plus profond génie de l'antiquité. Mais, en vérité, il fait bien peu d'honneur à Aristote en prenant avec lui de pareilles libertés. Puisque Aristote a cru devoir exposer ses idées d'une certaine façon, n'est-il pas étrange que, pour faire connaître ces idées, on leur impose une forme qui, fût-elle meilleure, n'est pas celle qu'Aristote a préférée? Assurément, il serait fort loisible à l'auteur d'extraire des ouvrages d'Aristote les pensées qu'il jugerait les plus essentielles, de les présenter ainsi séparées de celles qui lui paraîtraient moins importantes, et de communiquer au public un pareil travail, dans le genre de celui que Deleyre a entrepris sur Bacon. Ces sortes d'ouvrages ont l'avantage de répandre parmi les gens du monde des idées qu'ils n'auraient pas été chercher dans des écrits dont la longueur et la gravité les auraient rebutés. Sur les grands sujets, il est bon qu'il y ait des livres de toute sorte et de toutes formes à l'usage de tous les esprits; et un extrait bien fait de la Métaphysique aurait son mérite et son utilité; mais en principe, donner un pareil extrait comme une traduction véritable, et c'est la prétention bien déclarée de l'auteur, voilà ce que nous ne pouvons admettre ; et nous pensons que, quand un travail semblable aurait été fait, il resterait encore à entreprendre une véritable traduction d'Aristote. Traduire, c'est reproduire un auteur, non pas tel que nous aurions voulu qu'il fût, soit pour notre goût particulier, soit pour celui de notre siècle, mais rigoureusement tel qu'il a été dans son pays et dans son siècle, sous ses formes réelles, telles que l'histoire nous les a conservées. Et plus un auteur est grand, plus il faut le traiter ainsi, d'abord par respect pour la vérité, mais aussi par respect pour le génie qui vaut bien la peine d'être représenté au naturel, par respect même pour notre siècle auquel il faut bien supposer assez d'imagination et d'intelligence pour comprendre et apprécier les hommes et les œuvres des autres siècles. Telles sont les idées presque partout admises aujourd'hui en fait de traduction, et arranger Aristote ou Platon ou Homère à la française, paraîtrait fort peu digne du xixe siècle et de la France. Nous engageons donc l'auteur à choisir nettement entre ces deux entreprises, ou des extraits systématiques d'Aristote à ses risques et périls, sous sa responsabilité philosophique ; ou une traduction sincère dans laquelle il reproduirait, non pas seulement les pensées essentielles, mais toutes les pensées d'Aristote; une traduction une et non pas divisée en trois parties, texte, notes immédiates, notes explicatives. S'il se décidait pour ce dernier travail, pour une traduction véritable, nous l'engagerions à s'abstenir d'expressions exclusivement modernes, qui dénaturent tout-à-fait le caractère de l'antiquité. Par exemple, dans l'exposition du système d'Empédocle, il paraît décidé à traduire les mots qui y désignent les deux principes du monde, φιλία et νεῖχος, l'*a*-

mitié et la *discorde*, par les expressions d'*attraction* et de *répulsion*, comme si ces dernières formules n'appartenaient point à Newton, et comme si on avait le droit de les lui ravir pour en faire honneur, ainsi que de l'immense progrès qu'elles expriment, à aucun philosophe de l'antiquité, encore bien moins à un philosophe poète et d'une époque poétique comme Empédocle.

Nous nous arrêterons ici. Nous nous sommes bornés à examiner le système de l'auteur, et non l'exécution de ce système. Si nous l'eussions fait, nous eussions trouvé la confirmation de la plupart de nos observations générales. Plus d'une fois l'auteur prouve, par son exemple, combien il est périlleux d'oser faire dans un écrivain tel qu'Aristote la séparation de ce qu'il faut garder dans le texte ou rejeter dans des notes, comme moins important ou comme superflu. Pour nous, bien des choses rejetées dans les notes finales, nous paraissent tout aussi importantes que celles qui sont maintenues dans le texte; et dans les notes comme dans le texte, nous aurions pu signaler à l'auteur bien des erreurs de traduction qu'il faut sans doute imputer au système qu'il a suivi et que nous l'engageons à sacrifier à l'amour de la vérité et à l'admiration sincère qu'il professe pour Aristote. Nous nous flattons que ces observations, qu'il a lui-même sollicitées, lui seront un témoignage de l'intérêt que son essai de traduction a inspiré à l'Académie.

―――

N° 3.

Picta Lycæi quæ vidit tunc somnia risit :
Nunc plores quæ eadem dicta placent miseris.

(Xenoph. Anabas. 7, 8) (1).

(En allemand, 245 pages petit in-4o, très fin.)

Cet ouvrage est en allemand; et sans doute l'Académie ne verra pas sans une satisfaction mêlée de reconnaissance des savans étrangers honorer ses concours; mais elle apprendra avec peine qu'il nous a été impossible d'admettre que le mémoire inscrit sous le n° 3 répondît à ses intentions et satisfît aux conditions de son programme. En effet, ce mémoire n'est pas autre chose qu'une traduction allemande de la Métaphysique d'Aristote. Il a pour titre : *Aristoteles' Kritik der Lehre von Uebersinnlichen, in neun Büchern. Neu übersetzt mit kritischer Einleitung und erklärenden Anmerkungen, von A. L. F. in*

(1) Sic.

S.; c'est-à-dire : *Métaphysique d'Aristote, en neuf livres; traduction nouvelle avec une introduction critique et des notes explicatives*, par *A. L. F. à S.*

L'auteur ne regarde comme authentiques que neuf livres de la Métaphysique d'Aristote, qu'il place dans l'ordre suivant : le 5e, le 4e, le 3e, le 6e, le 7e, le 8e, le 9e, le 12e et le 13e. Chaque livre n'est pas seulement ici divisé en chapitres comme dans les éditions; mais chaque chapitre est divisé en paragraphes que l'auteur numérote pour offrir, dit-il dans sa préface, des points de repos au lecteur. Immédiatement à la suite de chaque chapitre, viennent des notes (*erklären-den Anmerkungen*) presque exclusivement philosophiques qui présentent les idées d'Aristote sous une forme plus simple ou dans un langage plus moderne. L'introduction (*kritische Einleitung*) est le seul morceau qui se rapporte quelque peu à votre programme. Elle est divisée en trois chapitres ; dans le premier, l'auteur prétend démontrer que toute la doctrine métaphysique d'Aristote est renfermée dans les neuf livres qu'il a traduits (*Darlegung dass die hier in der Uebersetzung gegebenen neun Bücher im genauesten Zusammenhange stehen, und das ganze abschliessen*). Le second contient l'examen et l'appréciation des cinq autres livres que l'auteur a cru devoir négliger (*Würdigung der fünf übrigen Bücher*). Enfin le troisième traite du rapport de la doctrine d'Aristote aux systèmes modernes de philosophie et de théologie (*Verhältniss des Aristoteles zur neuern Philosophie und Theologie*). Là il est dit quelque chose du mérite relatif de la doctrine d'Aristote et de l'influence qu'elle pourrait encore avoir. Un court avant-propos essaie d'ajuster le travail de l'auteur sur le programme de l'Académie; mais cette prétention n'est pas soutenable, et l'ouvrage n° 3 est simplement une traduction de la Métaphysique, avec des notes et une préface, traduction que l'auteur destine à ses compatriotes, et qu'il a cru pouvoir adresser aussi à l'Académie. Elle ne peut que le remercier d'une pareille communication; mais c'est évidemment au public allemand à juger et à récompenser son travail.

N° 2.

Et nunc intelligite....

(112 pages in-fol.)

Les mémoires dont nous venons de rendre compte ont tous ce commun caractère, qu'ils répondent seulement à la première partie du programme de l'Académie. Ils font connaître la Métaphysique d'Aristote par des extraits plus ou moins complets, mais sincères et dégagés de tout esprit de système. Voici maintenant un mémoire d'un caractère tout opposé; ce n'est plus l'exposition de la doctrine d'Aristote, c'est la critique de cette doctrine qui y joue le principal rôle, et cette critique systématique est tellement mêlée à l'exposition qu'elle la voile et l'obscurcit.

Encore si l'auteur s'était donné la peine d'exprimer d'abord avec clarté et précision ses propres idées, le problème philosophique dont il demande la solution à Aristote; à cette lumière, on pourrait se reconnaître au moins dans la critique dont il enveloppe son exposition ; mais il ne procède point ainsi ; il entre tout d'abord dans l'analyse de la Métaphysique sans avertir en quelque sorte des idées qu'il y va transporter, et il parcourt le premier livre, puis le second, et successivement tous les autres, choisissant ce qui lui convient, le présentant sous une forme qui n'est nullement celle d'Aristote, lui imposant un langage qui n'est pas le sien, et l'attaquant sur un terrain qu'il choisit et pour ainsi dire qu'il construit lui-même. On commence par éprouver une surprise extrême; puis en avançant on s'aperçoit que l'auteur a un secret auquel tient toute cette énigme. Peu à peu il divulgue ce secret, mais ce n'est guère que vers le milieu de l'ouvrage qu'on entrevoit de quoi il s'agit.

Quel est donc ce secret, ce point de vue mystérieux qui offusque, sans pourtant se manifester jamais entièrement, l'exposition de la Métaphysique d'Aristote? Quel est le système de l'auteur, le problème de la philosophie, selon lui? Après une lecture très attentive, je l'ai compris et je crois pouvoir le résumer ainsi.

L'idée d'être est une illusion. Il n'y a pas d'être à proprement parler, et par conséquent la science d'Aristote, qui traite de l'être, sa philosophie première, est une chimère. Tout est action; l'action est une avec trois termes, cause, moyen, effet; termes distincts aux yeux de la pensée, mais en réalité indivisibles, et qui sont tous les trois également nécessaires pour l'intégrité de l'action. Otez un de ces termes, les autres ne sont plus que des conceptions sans réalité. L'idée d'être n'est elle-même qu'une abstraction de l'un de ces trois termes, pris isolément, et auquel, en le considérant à part, l'esprit donne une sorte de substantialité, tandis qu'en réalité il n'y a pas de substance. Tout est action, et l'action est triple et une tout ensemble. Aristote avait voulu déterminer toutes les conditions de l'être et ses différens points de vue; à cette recherche l'auteur substitue celle des conditions de l'action et de ses différens termes. Les questions qu'élève successivement Aristote pour accomplir la science de l'être, sont transformées dans les questions suivantes : La cause est-elle distincte de l'effet, et l'effet de la cause? peut-il y avoir cause et effet sans moyen, et quel est le véritable moyen? et diverses autres questions dans lesquelles l'auteur subdivise celles-là. C'est ainsi qu'abordant brusquement Aristote avant de nous avoir mis dans la confidence de ses propres idées, il va lui adressant des questions auxquelles Aristote ne peut pas répondre, et lui reprochant ensuite de ne pas comprendre le problème philosophique et de le résoudre de la manière la plus imparfaite.

On se doute bien que si l'auteur traite aussi systématiquement la première partie du programme tracé par l'Académie, il ne se fait pas faute d'en agir de même avec la seconde, l'histoire de la Métaphysique. Comme à la première partie de votre programme, analyse de la Métaphysique d'Aristote, il avait substitué cette question : jusqu'à quel point Aristote est-il entré dans le problème de la philosophie tel que le conçoit l'auteur du mémoire? ainsi il convertit la seconde partie du programme, l'histoire de l'influence de la Métaphysique d'Aristote, en cette autre question : quel pas a-t-on fait depuis Aristote vers la solution du problème philosophique ? Et ici, l'auteur s'adresse beaucoup moins aux systèmes de philosophie qu'aux grands mouvemens de l'humanité, à savoir, le christianisme, le mahométisme, le protestantisme, la révolution française.

Quant à la troisième partie de votre programme, la séparation de ce qu'il y a de faux et de vrai dans la Métaphysique d'Aristote, et la détermination de ce qui pourrait encore en être employé dans la philosophie moderne, cette troisième partie n'est pas traitée à part dans le mémoire n° 2 ; elle est dans tout et partout ; elle domine, comme on l'a vu, et obscurcit tout le reste.

Nous ne sommes point tenus de juger ici le système de l'auteur ; si nous le faisions, il serait aisé de lui démontrer que ce système n'est au fond que l'exagération de celui d'Aristote, qu'Aristote est précisément l'auteur de la réduction de l'essence à l'acte, ἡ κατ'ἐνεργείαν οὐσία, comme on le verra dans la suite de ce rapport ; que déjà même Aristote peut être accusé d'avoir outré ce principe ; qu'en effet si l'être et la substance ne se manifestent que par l'action, l'action n'en suppose pas moins un sujet qui la produise, et que, ce sujet fût-il conçu comme la puissance productrice elle-même à l'état de permanence, la substance ne serait nullement détruite par cette opinion sur sa nature, et ne deviendrait pas pour cela une pure abstraction de l'esprit, mais qu'elle resterait ce qu'elle est, à savoir la réalité même qui pour agir et se manifester doit être, et qui est en tant qu'elle agit et se manifeste. Mais il ne peut être ici question d'examiner le système de l'auteur ; ce qui tombe plus particulièrement sous notre examen est sa méthode, la manière dont il aborde et traite le programme de l'Académie. Or nous croyons avoir suffisamment prouvé que cette méthode est inadmissible, et que, l'auteur eût-il raison contre Aristote, ce que nous ne voulons pas rechercher, une saine critique lui commandait de commencer par une analyse sincère et impartiale de la Métaphysique, sauf à la soumettre ensuite à un examen plus ou moins sévère, et à en porter un jugement définitif, favorable ou défavorable, selon tel ou tel point de vue. Mais il est évident que le triomphe de ce point de vue, quel qu'il fût, devait être la conclusion de ce mémoire, et non pas une hypothèse générale qui, dès la première ligne jusqu'à la dernière, planât sans cesse comme un nuage obscur sur l'exposition et sur l'histoire du livre qu'il s'agissait de faire connaître et de juger. D'ailleurs nous nous plaisons à reconnaître dans l'auteur de ce mémoire un esprit capable de spéculations élevées, une inflexibilité d'idées et de vues qui suppose de la force, et une ténacité à reproduire sans cesse les mêmes idées sous les mêmes formes, qui fait honneur au moins à l'énergie de ses convictions.

N° 7.

Multa renascentur quæ jam cecidere...
Hor. de Arte poet.

(122 pages in-fol.)

Le mémoire inscrit sous le n° 7 est à peu près du même genre que le précédent; mais il lui est supérieur. L'auteur a aussi un système et des vues qui lui sont propres, et il se complaît dans l'exposition de ce système et de ces vues; mais, fidèle au programme de l'Académie, il sépare judicieusement l'exposition des idées d'Aristote de l'exposition des siennes. La première et la troisième partie de votre programme sont ici convenablement traitées; mais la seconde, où l'Académie demandait l'histoire de la Métaphysique d'Aristote, manque entièrement; et cette lacune n'est pas suffisamment réparée par les nombreux aperçus historiques épars d'un bout à l'autre de ce mémoire. Il ne se compose en réalité que de deux parties, l'une que l'auteur appelle *exposition*, l'autre *partie critique*.

La première partie est sans contredit ce que nous

avons trouvé jusqu'ici, dans les mémoires dont nous venons de rendre compte, de plus exact, de plus complet, de plus satisfaisant sur la Métaphysique d'Aristote ; elle témoigne d'une étude approfondie de la Métaphysique, et on ne peut pas n'y pas reconnaître un rare talent d'exposition. Sans refondre le livre qu'il veut faire connaître, sans l'altérer ni dans l'ensemble ni dans les détails, l'auteur le place dans un cadre heureux qui répand de la lumière et de l'intérêt sur la longue analyse qui se déroule ensuite avec facilité et presque avec agrément. Ce cadre est la division de la Métaphysique en deux grandes parties essentiellement distinctes par leur objet. La première est une introduction méthodique à la science métaphysique ; la seconde est la science elle-même, ou la solution des problèmes métaphysiques.

L'introduction est à peu près renfermée dans les quatre premiers livres, et embrasse les points suivans : 1° la détermination du problème métaphysique ; 2° la détermination de la méthode ; 3° la détermination du premier principe de toute connaissance, celui sur lequel doit reposer l'édifice entier de la science. C'est ainsi que l'auteur cherche à s'orienter dans l'intelligence des premiers livres de la Métaphysique qu'il considère comme une préparation aux livres suivans. Cette division, qui a été souvent proposée, nous paraît avoir un assez haut degré de vraisemblance. Nous applaudissons surtout à la manière dont l'auteur l'a exécutée. En suivant le cadre qu'il a tracé, en parcourant successivement le problème, la méthode et le principe de la Métaphysique, il fait connaître dans leur enchaînement réel les quatre livres que ces divers points embrassent, et tous les chapitres importans dont ces quatre livres se composent. Au bas des pages, de nombreuses citations grecques en prouvant que l'auteur a travaillé sur le texte, donnent au lecteur la garantie même du philosophe antique contre l'exposition de son moderne interprète. En même temps des rapprochemens rapides avec les doctrines les plus célèbres et d'heureuses substitutions de formes récentes à la forme aristotélicienne d'abord présentée, mettent la pensée d'Aristote en rapport avec la pensée de notre temps. Nous ne donnons pas ce genre d'exposition comme un modèle, nous le croyons même assez périlleux; mais il est exécuté dans ce mémoire avec beaucoup de sagesse, de mesure et d'art.

La seconde partie de l'exposition est encore plus remarquable que la première. Elle s'étend depuis le cinquième livre jusqu'à la fin de la Métaphysique, et à l'introduction à la science fait succéder la science elle-même.

La conclusion de l'introduction est que la métaphysique, la philosophie première, la science des sciences, celle qui domine toutes les autres, est la science, non de tel ou tel ordre d'êtres, mais de l'être en soi, dont l'idée est engagée dans celle de tous les êtres particuliers. La métaphysique est donc, selon Aristote, la considération de l'être en soi sous toutes ses faces, dans tous ses élémens, dans toutes ses conditions ; la science première est pour lui ce que les modernes appellent ontologie. L'auteur du mémoire parcourt les différens points de vue de l'ontologie aristotélicienne et met en lumière toutes les idées essentielles qu'elle renferme : c'est une très longue analyse qu'il subdivise en trois chapitres, où toutes les matières sont distribuées dans l'ordre même d'Aristote, avec une aisance dont il n'est pas mal de se défier un peu, et une lucidité qui sur de pareils sujets est un signe non équivoque d'un long travail et d'une rare intelligence. Partout de nombreuses citations ou habilement fondues dans le corps de l'exposition, ou rejetées dans des notes. Nous signalons en particulier tout ce qui regarde l'entéléchie, l'énergie et en général l'action comme attribut essentiel de l'être. Il faut voir dans le mémoire dont nous rendons compte, réunies et très bien interprétées, une foule de phrases admirables, mais très difficiles à entendre, qui font de la Métaphysique d'Aristote, et surtout du douzième livre, un monument d'un si haut prix. Puisque l'auteur éclaire souvent la pensée d'Aristote par celle de ses rivaux et de ses égaux, il eût pu rappeler plus souvent dans la seconde partie de son exposition le génie qui sur tous ces points a frayé la route à Aristote, et celui qui, en suivant ses traces, a été plus loin encore. Entre Platon et Leibnitz, Aristote n'est pas seulement à sa place dans le rang des intelligences, mais il est en quelque sorte au point de vue où, par les ressemblances comme par les différences, le vrai caractère de sa métaphysique ressort davantage, et où ses idées se dessinent dans toute leur grandeur et leur originalité. Platon est le grand antécédent d'Aristote, comme Leibnitz est le grand résumé de l'un et de l'autre. Quand Aristote écrivait le douzième livre de la Métaphysique, il était imbu du dixième livre des *Lois*, et du septième de la *République*, et tout cela était présent à Leibnitz quand il écrivait la *Théodicée*. C'est l'auteur qui, par les aperçus historiques dont il sème son mémoire, nous suggère cette observation. Nous y joindrons une critique. Il termine son exposition au douzième livre et ne dit rien du treizième et du quatorzième; on ne rencontre l'explication de cette lacune et de ce silence que dans une note de la seconde partie ainsi conçue : « Il est de toute évidence que Duval « a raison, et que ce qu'on appelle vulgairement « le douzième livre est réellement le dernier. Il « faut, pour penser autrement, ou n'avoir pas lu « l'ouvrage avec toute l'attention qu'il mérite, ou « supposer Aristote plus qu'absurde. » Cette courte sentence, fût-elle même fondée, ne serait pas un équivalent suffisant d'un examen sérieux de ce treizième et de ce quatorzième livre qui ne peuvent être que d'Aristote, et qui contiennent un précieux supplément d'idées et de vues, qu'Aristote se proposait sans doute de faire entrer dans son ouvrage quand il en achèverait la composition. En général, l'auteur ne s'est point assez occupé de l'authenticité des différens livres de la Métaphysique. Il y avait là des questions de critique historique dignes de toute son attention. Il a mieux aimé se borner à l'analyse et à l'exposition philosophique; et en ce genre il a fait preuve d'un véritable talent. Il a rempli d'une manière satisfaisante la première et la plus importante partie du programme de l'Académie.

Nous voudrions pouvoir accorder les mêmes éloges à la seconde partie de son travail, qu'il appelle la partie critique. Ici votre programme imposait, il faut en convenir, aux concurrens une tâche bien délicate et bien difficile. Il ne s'agissait de rien moins que de déterminer le point jusqu'où on peut suivre Aristote, et celui où on doit s'en écarter, ce qu'il a fait pour la science et ce qu'il faudrait y ajouter. Mais vous avez pensé que dans cette lutte avec Aristote les concurrens seraient soutenus par le progrès des siècles, et qu'ils pouvaient toujours y déployer leur capacité philosophique. L'auteur du mémoire que nous examinons nous paraît avoir succombé dans cette lutte trop inégale; mais il n'a pas succombé sans honneur. Son travail critique est fort étendu et embrasse les mêmes points dans lesquels il a divisé son exposition, à savoir le problème métaphysique, la méthode, le principe, enfin la solution. Les trois premiers chapitres de cette dernière partie répondent aux trois chapitres de l'introduction, et le dernier à celui qui renferme l'exposition de la solution d'Aristote.

L'auteur écarte toutes les manières de voir négatives, partielles, exclusives et incomplètes; il tend sans cesse en toutes choses à des solutions impartiales et vastes. Ce que nous avons trouvé de plus satisfaisant est le chapitre de la méthode, où l'auteur met parfaitement en lumière la nature de la méthode d'Aristote, laquelle consiste d'une part dans l'argumentation appuyée sur le principe de contradiction, et de l'autre, dans les recherches historiques dirigées par la critique. Mais

Aristote a trop peu connu la méthode psycologique qui consiste dans l'étude de nos facultés, de leurs lois, de leur portée et de leurs limites, méthode que Socrate avait mise dans le monde, et que, depuis, Descartes a renouvelée et qu'il a donnée à la philosophie moderne comme sa direction immortelle. Mais ce même Descartes, effrayé par les disputes scholastiques, a trop négligé la méthode d'argumentation, et il a tout-à-fait méconnu la vertu de l'histoire. En réunissant la méthode psycologique, la méthode d'argumentation et la méthode historique, on composerait une méthode unique qui n'aurait plus rien d'exclusif, et qui serait la méthode véritable. Ce n'est pas votre rapporteur qui contestera l'excellence de ce point de vue; mais il aurait désiré que l'auteur en eût tiré des résultats plus précis. On ne peut lire la seconde partie de ce mémoire sans ressentir une haute estime pour le caractère qu'il y déploie. Il règne partout une droiture, une élévation, un amour de la vérité qui méritent tous nos éloges. On y reconnaît des études sérieuses, l'habitude de la méditation et une certaine profondeur de vues. L'auteur est familier avec l'histoire de la philosophie; et cependant il pense par lui-même. Mais toutes ces belles qualités sont gâtées par un vice général, le vague des résultats et l'arbitraire des procédés; rien n'est mûr; tout fermente encore; c'est un chaos, riche sans doute, mais c'est un chaos. Il y a beaucoup d'esprit, mais nulle rigueur. Et le style est comme la pensée, facile et brillant, mais plein de négligences. Cette seconde partie ne nous permet donc pas de désigner ce mémoire aux suffrages de l'Académie. Mais le mérite de la première subsiste, et votre rapporteur n'hésiste pas à vous signaler le mémoire n° 7 comme faisant déjà honneur à votre concours.

N° 1,

Οὐκ ἀγαθὸν πολυκοιρανίη· εἷς κοίρανος.
(Met. XIV. 10.)

(200 pages in-4°, très-fines.)

Le mémoire auquel nous arrivons a sur le précédent le grand avantage de remplir dans toute son étendue le programme de l'Académie. Il comprend trois parties distinctes, comme l'Académie l'avait demandé, une longue analyse de la Métaphysique d'Aristote, l'histoire de cet ouvrage et l'appréciation de sa valeur intrinsèque. Ici enfin vos intentions ont été parfaitement comprises et entièrement remplies. La première partie de ce mémoire est plus étendue que les deux autres, et nous en faisons un mérite à l'auteur; car si l'Académie a imposé aux concurrens la tâche difficile de juger Aristote, elle a voulu surtout qu'ils le fissent connaître, et c'est particulièrement une connaissance approfondie du grand livre de la Métaphysique, que vous avez voulu procurer au public. D'ailleurs les deux autres parties de ce mémoire sont aussi traitées avec soin. En un mot, si un grand travail, une sage critique et une intelligence suffisante de la matière ont droit à vos suffrages, nous pensons qu'ils ne peuvent manquer au mémoire n° 1.

Son mérite même nous impose le devoir d'en rendre un compte détaillé à l'Académie.

Nous commencerons par une critique. L'auteur a traité les trois parties de votre programme, mais il a cru devoir traiter la troisième immédiatement après la première et réserver la seconde pour la dernière. Ce renversement de l'ordre que vous aviez indiqué, ne nous paraît point heureux. L'explication de la valeur intrinsèque de la Métaphysique d'Aristote et la détermination des idées qui en subsistent encore aujourd'hui et de celles qui pourraient entrer utilement dans la philosophie de notre siècle, est évidemment la conclusion de l'ouvrage entier; tout le reste est fait pour cette conclusion ; et la recherche de l'influence que la Métaphysique d'Aristote a pu avoir sur les systèmes qui l'ont suivie, est une donnée de plus, une donnée, sinon nécessaire, au moins fort utile pour résoudre la question finale de l'influence que la Métaphysique d'Aristote peut encore exercer sur la philosophie moderne, après avoir agi si puissamment sur la philosophie ancienne et sur celle du moyen-âge. Mais j'abandonne cette critique pour examiner successivement les trois parties de ce mémoire, selon l'ordre dans lequel l'auteur a cru devoir les présenter.

Comme je l'ai déjà dit, la première partie est la plus étendue et devait l'être. C'est un travail consciencieux et fait avec le plus grand soin. Mais une idée fausse en altère l'exactitude, et en diminuera l'utilité aux yeux de tous ceux qui aiment à connaître les grands monumens de l'esprit humain tels que le temps les a conservés, et non pas tels que l'art moderne peut les refaire sur un plan nouveau. Nous convenons que l'ordre actuel des différens livres de la Métaphysique d'Aristote est contestable ; que les deux derniers livres ressemblent fort à un simple appendice ; que le livre qu'on est accoutumé d'appeler A ἔλαττον, *liber primus minor*, livre premier *bis*, peut être aussi regardé comme un appendice du véritable premier livre ; qu'enfin d'habiles critiques n'ont vu dans l'ouvrage entier qu'un assemblage d'admirables matériaux. Cependant nul n'a pu substituer à l'ordre actuel qui est celui de tous les manuscrits, un ordre plus satisfaisant et qui ait obtenu quelque autorité. Il n'est pas sage d'en agir à la légère avec un ordre qui, après tout, ne fût-il pas d'Aristote, a été accepté et suivi par tous les commentateurs de l'antiquité depuis Alexandre d'Aphrodisée jusqu'à Asclepius de Tralles, et nous croyons qu'il est possible d'en tirer sans violence une composition assez régulière pour une composition inachevée et à laquelle l'auteur n'a pas mis la dernière main. Si cette opinion était admise, il s'ensuivrait que pour faire connaître la Métaphysique d'Aristote, il n'y aurait pas autre chose à faire qu'à la suivre et à l'analyser, livre par livre, selon l'ordre actuel, sans interversion, sans mélange, sans combinaison, en se résignant à quelques irrégularités insignifiantes, dans la crainte d'un plus grand inconvénient, celui de combinaisons arbitraires, sauf à résumer plus tard, cette analyse préalable achevée, les idées fondamentales qui en résultent et à les présenter alors d'une façon qui les rende plus intelligibles et amène naturellement la conclusion finale, c'est-à-dire le jugement de leur valeur intrinsèque. L'auteur du mémoire n° 1 n'a point pensé ainsi. Il a traité beaucoup trop légèrement l'ordre actuel : il dit positivement dans un avertissement que toutes les fois qu'une matière, séparée des autres par la distribution des livres, lui a paru s'y rattacher logiquement, il l'en a rapprochée. De là, des combinaisons qui peuvent rendre très suspecte la fidélité d'une pareille exposition. L'auteur de ce mémoire, comme celui du mémoire précédent, divise aussi la Métaphysique en deux parties, l'introduction et l'ouvrage proprement dit. Il borne l'introduction aux deux premiers livres; il aurait donc dû se renfermer dans ces deux livres pour la faire connaître; loin de là, il la compose un peu à sa guise en faisant souvent des emprunts au troisième livre, au quatrième, au neuvième et au douzième, ce qui amène dans l'introduction des idées qu'Aristote, ou du moins le texte connu, n'y place point, et cela pour l'avantage de rapprocher des idées qui peuvent très bien avoir de l'analogie entre elles en occupant des places différentes. Mais laissons là l'introduction, et venons au traité lui-même. L'auteur y reconnaît avec raison un système d'ontologie auquel il applique les divisions suivantes : une première partie, ou *Ontologie générale*, divisée elle-même en quatre chapitres, subdivisés à leur tour en une multitude de paragraphes; une seconde partie intitulée *Ontologie physique*, divisée en six chapitres; une troisième partie intitulée *Ontologie mathématique*, divisée en six chapitres; enfin une quatrième partie intitulée *Ontologie théologique*, divisée en cinq chapitres. Nous aurions beaucoup à dire sur ces divisions et ces dénominations qui appartiennent à l'auteur et non pas à Aristote. Mais surtout nous aurions voulu qu'il eût rempli tous ces cadres plus ou moins heureux en suivant plus fidèlement l'ordre actuel des livres d'Aristote, au lieu de l'intervertir sans nécessité et aussi fréquemment qu'il le fait.

Si les titres des divisions générales adoptées par notre auteur sont arbitraires et un peu trop modernes, on en peut dire autant du langage qu'il emploie dans la traduction; car son exposition est souvent une traduction abrégée. Par exemple, page 8, on lit ces mots : « le vrai ainsi que le faux est subjectif. » C'est ainsi que Kant se serait exprimé; et si l'auteur portait ici la parole, nous ne verrions pas le moindre inconvénient à ce qu'il présentât ainsi la pensée d'Aristote pour la faire mieux comprendre; mais dans une traduction, on ne peut approuver cela. Aristote avait dit: le vrai et le faux ne sont pas dans les choses, mais dans l'esprit : οὐ.. ἐν τοῖς πράγμασιν,.. ἀλλ' ἐν διανοίᾳ. Quelquefois au contraire l'auteur, en se tenant trop près de la lettre, tombe dans un défaut opposé. Par exemple, dans le premier livre, le sujet de l'ouvrage entier, la science qu'Aristote veut fonder, est appelée σοφία. Notre auteur traduit toujours ce mot par celui de sagesse, traduction qui par excès d'exactitude s'écarte du vrai sens. Il fallait oser mettre *philosophie*. C'est là en effet le vrai titre du livre d'Aristote. Quant à celui de *Métaphysique*, on sait qu'il n'est pas d'Aristote, et qu'il est né beaucoup plus tard d'une circonstance fortuite, parce qu'Andronicus, dit-on, ne sachant quel nom et quelle place donner à ce traité, le plaça après la physique, d'où ce titre : τὰ μετὰ τὰ φυσικά, ce qui vient après la physique. Mais ce qui vient après la physique, selon Aristote, ce sont les mathématiques, de sorte que le traité en question ne serait nullement à sa place après la physique. Aristote dit qu'il est une science qui domine et la physique et les mathématiques, savoir la science des principes et des causes, la science de l'être; et cette science, Aristote l'appelle lui-même, philosophie première, πρώτη φιλοσοφία, πρώτη σοφία, ou quelquefois tout simplement σοφία. C'était donc par le mot de *philosophie*, qu'il fallait traduire celui de σοφία, au lieu d'employer l'expression de *sagesse* qui n'a pas la même étendue et la même force.

Enfin cette longue exposition est terminée par un tableau où l'auteur, toujours fidèle à ses habitudes de divisions et de subdivisions, a rangé dans un ordre qui lui a paru commode et facile toutes les idées renfermées dans son analyse; mais nous n'hésitons pas à dire que cette manière de réduire les idées en tableaux appartient à une méthode purement artificielle; qu'elle parle aux yeux plus qu'à l'esprit, et que, quand la vue s'est ainsi promenée ou égarée sur cette multitude de lignes qui se croisent, se coupent et rentrent les unes dans les autres, on saisit peut-être un peu mieux les rapports extérieurs des choses, mais sans comprendre davantage leur véritable nature.

Mais ce défaut même, et ceux que nous avons indiqués, trahissent un homme laborieux qui a voulu s'acquitter en conscience de la tâche qu'il a entreprise, et l'ouvrage qui en est résulté est certainement un ouvrage très estimable. L'examen des deux autres parties de ce mémoire ne démentira pas ce jugement.

La deuxième partie, dans l'ordre adopté par notre auteur, est l'appréciation de l'ouvrage d'Aristote. Cette appréciation porte encore le caractère de cette solidité d'esprit, et, pour ainsi dire, de cette probité scientifique que nous avons déjà signalée. Autant l'auteur du mémoire précédent se laisse emporter par son enthousiasme, autant celui-ci est réservé dans ses assertions. Le premier se précipite en quelque sorte vers un dogmatisme indéterminé; celui-ci marche à pas réglés, et se retient le plus qu'il peut dans les limites de la critique. On voit qu'il est très familier avec Kant; il le cite souvent, emprunte quelquefois sa terminologie, et c'est sans doute à ce génie sévère qu'il doit ses habitudes de critique et de circonspection. Mais si Kant a de frappantes analogies avec Aristote pour la forme, il en diffère essentiellement pour le fond des idées. Aristote est très dogmatique, et sa métaphysique est un traité d'ontologie. Le disciple de Kant ne dissimule pas que ce dogmatisme ontologique lui répugne, et fidèle à l'esprit du criticisme, il adresse au péripatétisme ce continuel reproche de convertir des données rationnelles et logiques en réalités ontologiques, et de prendre dans un sens objectif des principes purement subjectifs. Tel est le point de vue général de cette seconde partie qui se compose d'une première section consacrée à la critique de détail, et dont nous ne dirons rien autre chose, sinon qu'elle renferme cinquante-cinq remarques qui ont toutes leur importance relative; d'une deuxième section subdivisée en deux chapitres, le premier sur la forme de la Métaphysique, où Aristote est trop vivement accusé des défauts d'un ouvrage auquel il n'a pas mis la dernière main; le second intitulé: Critique du fond, où l'auteur se propose les questions suivantes:

1° Quel est l'objet de la philosophie première suivant Aristote, comment il la divise, et quelle idée il se fait de la philosophie en général;

2° Quelle méthode il suit dans l'exécution de son travail;

3° Quels sont les résultats auxquels il est arrivé dans les différentes parties de la Métaphysique;

4° Quel est le caractère systématique, sinon de l'ouvrage même, du moins de l'esprit qui en a exécuté les différentes parties.

Nous ne ferons qu'indiquer ici très rapidement les vues de l'auteur.

1° A la première question, il ne fait pas une réponse très approfondie; il se contente de dire que la philosophie première est pour Aristote l'ontologie, et on s'attend bien qu'un disciple de Kant n'est pas fort satisfait de cette détermination de la philosophie première; mais il devait être et il est plus content du but qu'Aristote assigne à la philosophie, savoir la connaissance de la fin. Cette fin est le bien de chaque chose, et en général le plus grand bien.

2° L'auteur établit que la méthode d'Aristote est l'argumentation. Il lui reproche sévèrement de n'avoir pas soupçonné la psycologie descriptive et la logique appliquée à la métaphysique. Comme Tennemann, il s'afflige de ne pas retrouver dans Aristote la méthode critique. En effet la méthode critique ne commence en grand qu'avec Descartes et surtout avec Kant; mais dans Descartes ni dans Kant, il n'y a pas non plus le moindre soupçon de la méthode historique qui est profondément marquée dans Aristote, et dont notre auteur ne dit pas un mot.

3° Résultats généraux obtenus par Aristote. L'auteur nous paraît ici tantôt trop sévère, tantôt trop indulgent.

Il ne tient point assez compte à Aristote d'avoir mis en lumière, et consacré dans sa dignité et son autorité, le principe de contradiction, base de tout raisonnement.

Il l'accuse de n'avoir point assez défini les quatre principes et les quatre causes sur lesquelles porte la philosophie première, la science de l'être, savoir : la forme, la matière, le mouvement et la fin, tandis que c'est lui peut-être qui n'a point ici suffisamment approfondi Aristote. Il lui reproche de ne s'être pas expliqué sur le caractère propre de ces principes; s'ils sont ontologiques, ou s'ils sont purement rationnels et logiques. Si c'était ici le lieu, nous n'hésiterions pas à répondre pour Aristote qu'ils sont à la fois l'un et l'autre; mais ceci nous conduit à la partie la plus solide et la plus remarquable de ce chapitre, l'examen de la polémique d'Aristote contre Platon sur la théorie des idées.

Cette célèbre polémique, où la philosophie tout entière est engagée, demande encore bien des éclaircissemens de tout genre. La première question est celle du véritable caractère des idées de Platon. L'auteur prend beaucoup de peine pour établir ce que nul critique ne peut aujourd'hui raisonnablement contester ; que les idées platoniciennes ne sont pas seulement nos idées universelles et nécessaires, nos idées de classe et de genre, lesquelles existent dans l'esprit humain et nulle autre part, mais qu'elles ont une véritable réalité objective. Il est impossible de rendre mieux compte que ne le fait notre auteur de la théorie de Platon ; mais quand il l'a bien exposée et expliquée, il l'immole à la critique d'Aristote. Il donne raison au disciple contre le maître, et en bon et fidèle kantien, il se joint à la foule de ceux qui, depuis Aristote, reprochent à Platon d'avoir réalisé des abstractions, de pures conceptions de l'entendement. Mais il s'agirait de savoir si cette accusation est bien fondée. De ce que l'idée platonicienne soit aussi une conception de la raison humaine, il ne s'ensuit pas qu'elle ne puisse être autre chose encore, qu'elle ne puisse exister aussi en dehors de la raison humaine et dans les choses, par exemple, à l'état de loi, de caractère essentiel.

Rien n'existe qui n'ait sa loi plus générale que soi-même. Il n'y a point d'individu qui ne se rapporte à un genre, point de phénomène ni d'accident qui ne tiennent à un plan. Et il faut bien qu'il y ait réellement dans la nature des genres, des classes, un plan, si tout a été fait *cum pondere et mensura*; sans quoi nos idées de genres, de classes et de plan ne seraient que des chimères, et la science humaine, une illusion régulière. Si on prétend qu'il y a des individus et point de genres, des choses liées ensemble et pas de plan, par exemple, des individus humains plus ou moins différens, et pas de type humain, et mille autres choses de cette sorte; à la bonne heure; mais en ce cas, il n'y a plus rien de général dans le monde, si ce n'est dans l'entendement humain; c'est-à-dire en d'autres termes que le monde et la nature sont dépourvus d'ordre et de raison, et qu'il n'y a de raison que dans la tête de l'homme : résultat mille fois plus embarrassant que la théorie platonicienne, dont tout le secret tant cherché, et selon nous bien simple, est l'unité de l'existence universelle, par conséquent l'harmonie de l'esprit humain et de la nature, des conceptions de l'un et du plan de l'autre, et le double caractère de l'idée, prise au sens de Platon, comme conception générale dans le sujet pensant, et comme loi ou forme générale dans l'objet externe. Nier ce double caractère de l'idée, c'est déshériter les choses, en apparence au profit de l'esprit humain, qui en réalité se trouve par là condamné à des conceptions vides et à un dogmatisme subjectif, lequel contient et produit tôt ou tard le scepticisme universel. Si la raison humaine est la mesure unique de la vérité des choses, c'en est fait et de la vérité et de la raison elle-même. On nous pardonnera cette intervention rapide dans une illustre polémique non encore terminée, et qui doit sa naissance à la Métaphysique d'Aristote.

La seconde partie du mémoire n° 1, aboutit à la dernière question de votre programme : qu'a-t-il été conservé de la Métaphysique d'Aristote ? et que pourrait-on en prendre à l'usage de la philosophie de notre temps ? Nous regrettons d'être obligés de vous dire que ce dernier chapitre est court, superficiel, et que l'auteur, retenu par l'excessive circonspection de l'école critique, ou épuisé par ses efforts antérieurs, s'est arrêté à la fin de la carrière, avant d'avoir atteint le but. Il paraît croire qu'il a passé assez peu de chose de la Métaphysique d'Aristote dans la métaphysique moderne; et il ne voit pas trop quels emprunts la philosophie de notre siècle pourrait faire à la philosophie péripatéticienne. Nous ne repoussons aucune opinion, et celle-là pas plus qu'aucune autre, mais nous avions le droit de demander à l'auteur qu'il la fît sortir d'une discussion forte et approfondie.

La troisième partie de ce mémoire sur l'histoire et l'influence de la Métaphysique d'Aristote, est malheureusement plus faible encore et forme moins une partie intégrante de ce mémoire, qu'un appendice où sont rassemblées quelques recherches d'érudition. Je dis d'érudition, car l'auteur s'est entièrement mépris sur le sens du programme de l'Académie. Il a cru que l'Académie demandait l'histoire matérielle de la Métaphysique, la manière dont elle avait été mise au jour, et les travaux dont elle a été l'objet; tandis que vous demandiez surtout l'histoire philosophique de la Métaphysique, les idées qu'elle a mises en circulation, et la manière dont ces idées ont fait leur route à travers les siècles dans les divers systèmes qui les ont recueillies. C'est là la véritable histoire d'un livre, sa vraie destinée. Notre auteur s'est tellement arrêté à l'histoire matérielle de l'ouvrage d'Aristote qu'il ne lui a presque plus resté de place pour nous parler de sa fortune morale. Les recherches auxquelles il s'est livré sur l'authenticité de la Métaphysique, et la discussion de tous les problèmes de ce genre, devaient se trouver en tête du mémoire et précéder l'exposition. En effet, selon qu'on arrive à telle ou telle conclusion sur l'authenticité de certains livres et sur celle de l'ordre actuel de la Métaphysique, on peut prendre plus ou moins de libertés dans l'exposition. La petite dissertation de notre auteur à ce sujet, sans être très profonde, est fort judicieuse; mais elle n'est point à sa place. Il en faut dire autant de cette autre discussion : quel est le caractère de la Métaphysique, et à quelle classe des écrits d'Aristote appartient-elle ? A celle des écrits ésotériques ou acroamatiques, ou bien à celle des écrits exotériques ? Sur ce point comme sur le précédent, l'auteur suit l'opinion de Ritter, et il ne pouvait prendre un meilleur guide. Il dit ensuite quelques mots sur les divers commentateurs anciens d'Aristote. Puis il effleure la question si bien traitée par M. Jourdain, de la manière dont la Métaphysique est parvenue à la connaissance de l'Europe au moyen-âge; et il lui reste à peine quelques pages pour exposer l'influence qu'elle a exercée sur les grands systèmes philosophiques. Il y avait là pourtant les plus belles questions d'histoire et de philosophie. C'était une admirable recherche à instituer que la part d'Aristote dans l'éclectisme alexandrin, et quelle est la valeur de la conciliation alors entreprise entre la Métaphysique d'Aristote et celle de Platon. L'auteur se contente de dire que les Alexandrins ou dénaturèrent entièrement les écrits authentiques d'Aristote, ou s'en dédommagèrent en lui attribuant des écrits apocryphes. De pareilles assertions sont peu dignes d'un homme aussi instruit. Il faut l'avouer, le reste est à peu près du même genre. On ne trouve absolument rien sur le mélange de la philosophie péripatéticienne avec la théologie chrétienne entre les mains de saint Thomas, d'Albert-le-Grand, et des autres docteurs célèbres de la scholastique. Il y a bien quelques mots sur le péripatétisme de Leibnitz; mais en somme cette dernière partie est très inférieure à la seconde et surtout à la première.

Nous avons besoin de demander pardon à l'Académie d'une aussi longue analyse; mais le mémoire qui en est le sujet, la réclamait, et elle était nécessaire peut-être pour en faire comprendre les qualités et les défauts. En les balançant, on ne peut s'empêcher de reconnaître que l'ouvrage dont nous venons de rendre compte, répond en très grande partie au vœu de l'Académie. Publié, il ajouterait à la connaissance de la Métaphysique d'Aristote, même auprès des plus savans, et la répandrait dans le public. A défaut de profondeur, il se distingue par une critique judicieuse et une grande clarté, et à plus d'un titre il serait digne de vos suffrages et ne déshonorerait point votre couronne. Et cependant le concours que vous avez ouvert est assez riche pour vous présenter encore deux mémoires bien supérieurs à celui-là, et que nous ne craignons pas de vous signaler comme des ouvrages du mérite le plus élevé. Nous voulons parler des mémoires inscrits sous les n°" 5 et 9.

Ces deux mémoires ont au même degré le mérite de répondre parfaitement au programme de l'Académie. Les trois parties de ce programme y sont traitées dans leur ordre et avec l'étendue convenable. Tous les deux supposent une étude sérieuse du texte grec, et l'érudition y est au service d'une critique solide. Tous les deux témoignent de vastes connaissances dans l'histoire de la philosophie, et le talent spéculatif s'y maintient à la hauteur des questions que soulevait inévitablement la matière, et des grands maîtres dont il fallait apprécier les différentes solutions. Votre rapporteur, après une étude sérieuse de ces deux mémoires, n'y trouve aucun vice essentiel à leur reprocher, et il propose hardiment l'un ou l'autre aux suffrages de l'Académie. Incontestablement, ils sont supérieurs à tous les autres mémoires, et même au mémoire précédent, d'ailleurs digne d'éloges; mais nous hésitons à choisir entre eux deux, et ce choix nous a paru si délicat et si difficile que pour absoudre ou notre incertitude ou notre préférence, nous vous demandons la permission de soumettre devant vous l'un et l'autre mémoire à un examen détaillé et approfondi.

Commençons par le n° 5.

N° 5,

Πῶς ἀφορίσαι δεῖ καὶ ποίοις τὴν ὑπὲρ τῶν πρώτων θεωρίαν;

THEOPHRASTUS.

(250 pages petit in-4, serrées).

La première partie de votre programme est assurément la plus importante. Il est évident qu'il faut d'abord connaître à fond ce dont on veut faire l'histoire et apprécier la valeur. C'est aussi la première partie de votre programme que l'auteur du n° 5 a traitée avec le plus d'étendue.

Vous aviez demandé aux concurrens de déterminer le véritable plan de la Métaphysique d'Aristote, et de donner une analyse solide et complète de cet ouvrage. Là se trouvaient engagés les problèmes les plus épineux, et qui ont exercé les efforts des critiques les plus habiles, depuis notre compatriote Samuel Petit jusqu'à nos contemporains Brandis et Titze. Votre rapporteur déclare ici qu'après avoir lu tout ce qui a été écrit sur ce sujet tant controversé, il n'a rien trouvé qui le satisfasse autant que le travail du n° 5, aucune dissertation plus complète, où les difficultés de la question soient plus franchement abordées, plus mûrement pesées, et la discussion conduite avec autant de force et de profondeur.

La réponse à la première partie de votre programme est divisée dans ce mémoire en trois chapitres. Dans le premier, après avoir discuté et réduit à leur valeur exacte les deux passages célèbres de Strabon et de Plutarque, sur l'époque où auraient été connus pour la première fois les ouvrages d'Aristote, et en particulier la Métaphysique, l'auteur, arrivant à ce dernier ouvrage, examine une à une les hypothèses les plus célèbres et les plus plausibles sur les écrits primitifs qui ont pu servir à sa composition. En effet, l'opinion la plus accréditée est que la Métaphysique est un tout factice, composé, long-temps après la mort d'Aristote, de pièces et de morceaux plus ou moins bien cousus ensemble. L'effort de la critique a été jusqu'ici de montrer le désordre réel de ce tout mal uni, de le démembrer, et de retrouver dans le catalogue des écrits d'Aristote, que donne Diogène de

Laerte et l'anonyme publié par Ménage, ses diverses parties, comme ouvrages distincts, portant des titres particuliers, et ayant eu une existence indépendante, avant qu'Andronicus se fût avisé, à cause de l'analogie des matières, de les mettre ensemble sous le titre unique de Métaphysique, titre qui n'en est pas un, et dont l'authenticité ne mérite pas même d'être discutée. On a retrouvé dans les deux catalogues ci-dessus mentionnés des écrits dont les sujets et les titres répondent exactement à tel livre, ou à telle portion de livre de ce tout incohérent qu'on appelle la Métaphysique. Notre auteur reprend dans le plus grand détail ces diverses hypothèses : il les met en lumière, les fortifie, les développe, et la Métaphysique d'Aristote sort tout en lambeaux de cette discussion. Ainsi, l'auteur démontre de nouveau que les trois derniers livres, le douzième, le treizième et le quatorzième, forment un ouvrage à part, que si le douzième livre se lie fort bien aux onze premiers, les deux derniers n'y tiennent point, et, au lieu de les achever et de les clore, reprennent précisément des matières déjà traitées dans les livres précédens, par exemple, la réfutation de la théorie des nombres et des idées qui se trouve et doit se trouver dans le premier livre, réfutation qui est le point de départ nécessaire d'Aristote, et qui est tout-à-fait déplacée à la fin de l'ouvrage. Ces trois livres détachés de tous les autres, avec un changement d'ordre qui fait du premier le dernier, et place le douzième après le quatorzième, forment un tout complet et bien lié, et il est de la plus grande vraisemblance que c'est là l'ouvrage particulier d'Aristote cité dans les catalogues sous le titre de περὶ φιλοσοφίας, en trois livres, lesquels roulaient sur les idées et le bien, περὶ τἀγαθοῦ καὶ περὶ ἰδέων. Cette hypothèse appartient à Samuel Petit (1). Notre auteur la reprend en détail, la développe, et selon nous la met hors de toute contestation. Nous regardons ce point comme acquis à la critique.

Quant au second livre de la Métaphysique, déjà dans l'antiquité Jean Philopon révoquait en doute son authenticité, et l'attribuait à Pasicrates de Rhodes, frère d'Eudème et disciple d'Aristote; et cinq manuscrits collationnés par Bekker le donnent à Pasiclès, pure variante pour Pasicrates. L'auteur soutient que ce second livre n'était pas autre chose que l'introduction des trois livres περὶ φιλοσοφίας. Cette hypothèse qui lui est propre est présentée avec art; mais elle nous laisse encore beaucoup d'incertitude.

Viennent ensuite l'examen et presque toujours

---

(1) *Miscellanea*, Lib. IV. 9 : De Metaphysicorum librorum Aristotelis ordine, p. 34.

la confirmation d'autres hypothèses, qui détachent les autres livres de la Métaphysique, et en font des ouvrages isolés. Nous ne citerons que les plus vraisemblables de ces hypothèses. Le cinquième livre, dont la place était déjà contestée dans l'antiquité, semble bien avoir été le traité particulier : περὶ τῶν ποσαχῶς λεγομένων; et le dixième, l'écrit que cite Diogène de Laerte, περὶ μονάδος, ou celui περὶ ἐναντίων.

On conçoit combien l'examen détaillé de ces différentes hypothèses fait entrer profondément dans la connaissance intime de la Métaphysique d'Aristote. Leur premier résultat semble être l'impossibilité absolue de découvrir aucune unité de plan dans l'arrangement actuel des quatorze livres. A ce résultat désespérant, que semble si bien établir son premier chapitre, l'auteur, dans le second, oppose un résultat absolument contraire, un argument de fait, une preuve directe d'une unité de plan dans la Métaphysique telle qu'elle est aujourd'hui, en donnant de cette Métaphysique une analyse suffisamment étendue de laquelle sort la démonstration intrinsèque de l'unité et de l'harmonie qui y règne. Ce chapitre est l'analyse la plus sincère, la plus complète et la plus méthodique que nous connaissions de la Métaphysique d'Aristote.

L'auteur commence par établir la division qu'il

adopte de la Métaphysique. Selon lui, elle se divise en trois parties :

La première est une introduction qui comprend les trois premiers livres. Aristote y donne la définition de la philosophie première, et établit qu'elle est la science des principes.

La seconde partie est un examen détaillé des principes de l'être en général. C'est ce que les modernes appelleraient une ontologie. Elle s'étend depuis le 4ᵉ jusqu'au 10ᵉ livre inclusivement.

De là il passe à l'exposition du premier principe. Après avoir examiné dans l'ontologie les principes des substances sensibles et périssables, il s'élève à la substance absolue, éternelle, immuable et immatérielle, principe et cause de l'existence de toutes choses : cette substance est Dieu. Cette dernière partie de la Métaphysique est une théologie, comme Aristote l'appelle lui-même : elle comprend les quatre derniers livres.

Sans doute nous ne pouvons pas songer à donner ici un résumé du résumé de l'auteur. Cependant, le sujet est si grand, si nouveau, si difficile; le livre d'Aristote par son antiquité, sa célébrité et sa longue influence, inspire tant d'intérêt, et notre auteur l'a si profondément et si nettement analysé, qu'on nous pardonnera peut-être de présenter ici le plus brièvement possible la substance de ce morceau.

Aristote, quelque spéculatif que soit le résultat dernier auquel il aspire, ne s'y élève pourtant pas par la seule voie de la spéculation; c'est sur la base solide de l'expérience qu'il fonde la recherche de la vérité. Ainsi au lieu de développer *a priori* la nature de l'objet qu'il a l'intention de traiter, il interroge d'abord les opinions reçues, les notions communes (λόγοι ἐξωτερικοὶ, κοιναὶ ἔννοιαι) que chacun trouve dans son esprit. C'est de là qu'il tire une première définition de son objet. La question ainsi établie, il passe aux solutions que ses devanciers en ont données; car il ne lui paraît pas vraisemblable que de pareils hommes se soient trompés à tous égards. Au contraire, ils doivent avoir raison sur un point et même sur plusieurs. Mais il ne se contente pas de rapporter historiquement les opinions des philosophes qui l'ont précédé : il discute ces opinions, les tourne et retourne de tous côtés, et en exprime ainsi ce qui s'y trouve de vrai et de juste. Enfin il aborde l'objet lui-même, qui présente aussi beaucoup de côtés différens. Aristote les compare l'un à l'autre et signale leurs contradictions, comme il a fait celles des philosophes. Ainsi commencer par le sens commun, interroger l'histoire, appliquer à la question une dialectique sévère qui la décompose dans tous ses élémens, et en expose toutes les difficultés, telle est la marche générale d'Aristote. Il débute par l'expérience, mais il ne s'y arrête point, et de l'expérience il s'élève à la spéculation.

Nous venons d'indiquer la marche même et les divisions de l'introduction de la Métaphysique, introduction qui comprend les trois premiers livres de cet ouvrage. Dans le premier, Aristote examine les opinions reçues et les systèmes des philosophes; dans le second, et surtout dans le troisième, il propose les difficultés qui se rencontrent dans le sujet.

Suit, dans le mémoire que nous examinons, une analyse à la fois substantielle et suffisamment détaillée de chacun de ces trois livres; nous n'avons que les plus grands éloges à donner à l'exactitude, à la netteté et à la solidité de cette analyse. Nous n'y relèverons qu'un seul mot. Selon l'auteur, le sujet et le titre du livre premier est *de la Sagesse*. Et sans doute dans les premières pages de ce premier livre, où Aristote constate les données du sens commun, il était raisonnable de traduire σοφία par la sagesse, car la sagesse est la notion commune de la philosophie; mais comme Aristote ne veut pas se borner à cette notion commune, mais arriver à la détermination précise et au titre véritable de l'objet qu'il traite, et que ce titre définitif doit être celui du livre entier, nous pensons, comme nous l'avons déjà fait voir dans l'examen du mémoire précédent, que ce titre doit être non *de la Sagesse*, mais *de la Philosophie*.

L'introduction établit, livre 1ᵉʳ, par le sens commun et par l'histoire, que la philosophie est la science des principes; livre 2ᵉ, que les principes contiennent toute vérité, que la vérité est l'essence même des choses, et que par conséquent les principes sont les véritables existences; enfin, livre 3ᵉ, quelles sont les difficultés qu'on rencontre si on veut parvenir à leur connaissance. Cette introduction achevée, Aristote entre en matière dès le 4ᵉ livre, et après avoir épuisé toutes les notions que fournissait l'expérience, il constitue spéculativement la science des principes, c'est-à-dire la science de la vérité, c'est-à-dire encore celle de la véritable existence. La science de l'être est la science qu'il cherche.

L'auteur divise encore en trois parties l'ontologie d'Aristote.

Première partie. Le premier point que devait établir Aristote est la démonstration du fondement et du principe de l'ontologie. Ce fondement est cette vérité, que toutes les véritables existences appartiennent à la même science; et le principe de cette science est le principe de contradiction, principe le plus élevé qui soit, duquel dépendent tous les raisonnemens, toutes les preuves, et qu'aucune preuve, aucun raisonnement ne peut atteindre. C'est là le sujet du livre 4ᵉ. Mais comme avant de s'engager dans l'ontologie, il faut posséder des données ou définitions ontologiques suffisantes et avoir bien fixé la signification des termes qu'on emploie, de là dans le livre 5ᵉ une exposition des données et des termes essentiels de l'ontologie.

La deuxième partie de l'ontologie aborde directement l'objet de cette science et développe les différentes espèces d'êtres. 1° Aristote établit que l'être purement accidentel ne saurait être l'objet d'une science, livre 6ᵉ; 2° il considère l'être sous le point de vue de toutes les catégories, surtout sous le point de vue de la catégorie de la substance, livres 7ᵉ et 8ᵉ; 3° il examine l'être en tant qu'il existe, en puissance ou actuellement, οὐσία κατὰ δύναμιν ἢ κατ' ἐνεργείαν, livre 9ᵉ.

Telle est la seconde partie de l'ontologie. Elle en forme en quelque sorte le corps; mais tout ce qui a été dit jusqu'ici de l'être, se rapporte à l'être fini, à la substance sensible : or la pluralité des êtres finis n'épuise pas la véritable existence. Non seulement toutes les véritables existences appartiennent à la même science, comme il a été démontré dans le livre 5ᵉ, et par conséquent la science de l'être est une; mais son objet, l'être en tant qu'être, doit être un également. Cette unité de l'être est le sujet de la troisième partie de l'ontologie, du 10ᵉ livre. Ici commence la théologie; car l'être unique qui seul possède la vraie existence, c'est Dieu. La théologie forme la dernière partie de la Métaphysique, et comprend les quatre derniers livres.

Le point auquel sont arrivées les recherches d'Aristote est donc la nature de l'être absolu, du principe unique et premier, de la cause unique et première, c'est-à-dire de Dieu. Mais avant d'entrer dans cette recherche difficile et de pénétrer en quelque sorte dans le sanctuaire de l'être, il faut faire ici une station et récapituler les résultats obtenus; car le rapprochement de tous ces résultats est déjà un progrès, le point de départ et la garantie de progrès nouveaux. Tel est le but du 11ᵉ livre, qui peut être regardé comme une introduction à la théologie. Ce livre revient sur l'objet fondamental de la philosophie; il montre de nouveau que la vérité ne se trouve pas dans les phénomènes sensibles, mais dans le monde intellectuel. Il traite du changement et du mouvement par rapport au premier principe.

Viennent ensuite les 12ᵉ, 13ᵉ et 14ᵉ livres, mais dans l'ordre renversé que l'auteur a cherché à établir, à savoir: le 13ᵉ, le 14ᵉ et le 12ᵉ. Et en effet le 12ᵉ livre semble bien le point culminant de toute la Métaphysique, et on ne voit pas trop ce qu'après ce 12ᵉ livre Aristote pouvait avoir à dire encore, car ce livre achève la théologie. Ce changement est le seul que notre auteur introduise dans l'ordre actuel des livres de la Métaphysique, et il est certain qu'il donne aux trois derniers une liaison nouvelle qui complète l'harmonie du tout.

Après la petite introduction que forme le 11e livre, Aristote dans les 13e et 14e livres qui se suivent inséparablement, aborde la substance immatérielle, immuable et éternelle, et comme son opinion à ce sujet est pour lui de la plus haute importance, il lui semble nécessaire de la défendre d'avance contre les opinions les plus accréditées de son temps, celles des pythagoriciens et celles des platoniciens. Ces deux livres sont donc consacrés à l'examen et à la réfutation de ces opinions. Il reprend ce qu'il en a dit dans le premier livre, quelquefois même dans les mêmes termes; mais le point de vue sous lequel il les considère ici est tout autrement spécial. Il s'efforce de prouver contre les pythagoriciens, que les êtres mathématiques, les nombres dans lesquels l'école pythagoricienne place la vraie existence, ne la constituent pas, puisque eux-mêmes n'existent point indépendamment des êtres sensibles; et il essaie aussi de prouver contre Platon, que les idées n'ont pas plus d'existence indépendante que les nombres; que ni les nombres ni les idées ne sont le premier principe des choses, et que par conséquent la substance immuable et éternelle ne peut pas s'y rencontrer.

Cette démonstration préalable, qui était tout-à-fait nécessaire, achevée dans les 13ᵉ et 14ᵉ livres, Aristote traite expressément dans un dernier livre, le 12ᵉ des éditions, de la nature de la substance immuable.

Ici, le talent de notre auteur semble avoir succombé sous le poids des idées accumulées dans ce dernier livre. Son analyse, ordinairement si pénétrante et si nette, est émoussée et confuse; le passage d'une idée à l'autre n'est pas marqué avec assez de précision, et l'ensemble nous a paru manquer de lumière. Cependant c'est là le morceau capital de la Métaphysique d'Aristote. Elle est tout entière dans ce livre; c'est sur ce livre que devait porter le plus grand effort de la critique. Selon nous, l'auteur y a été moins heureux que dans les livres précédens, et nous ne craignons pas de lui indiquer cette partie de son exposition comme un travail à revoir; car toute la fortune d'Aristote est là, et on ne peut pas trop s'appliquer à dégager et à éclaircir les idées originales et profondes qu'Aristote résume fortement, mais ne développe pas. Nous nous garderons bien d'entreprendre ici la tâche que notre auteur saura bien un jour accomplir lui même, et nous nous contentons de détacher quelques-unes des propositions les plus importantes de ce dernier livre.

Les principes sont à la fois universels et particuliers : toutes les choses ont les mêmes principes, et chaque espèce de choses a ses principes à part. Ceci est un trait distinctif de la philosophie d'Aristote. Les idées de Platon sont exclusivement générales; les principes d'Aristote renferment à la fois la généralité et la particularité.

La puissance pure, la simple virtualité n'est qu'une abstraction. Tout ce qui n'est pas en acte n'est pas, et l'être absolu est un acte éternel : de là, le mouvement perpétuel et l'éternité du monde.

L'être absolu est à la fois immobile et principe du mouvement.

Le premier principe moteur, étant immobile en même temps qu'il est actif, n'est pas susceptible de changement. Il existe donc nécessairement, et comme sa nécessité repose dans sa nature même, il est le bien.

Le bien est à la fois l'objet et la fin du désir, l'objet et la fin de la pensée, et pour parler la langue d'Aristote, il est le désirable et l'intelligible, τὸ ὀρέκτον καὶ τὸ νόητον.

L'intelligible ne peut être pour l'intelligence un

objet étranger. C'est en pensant, et en se pensant elle-même, qu'elle devient pour elle-même intelligible, de sorte que l'intelligible et l'intelligence sont identiques.

Ce n'est pas la virtualité de la pensée, mais sa manifestation active qui fait sa beauté et son caractère divin. De là, cette formule d'Aristote : la vraie pensée est la pensée de la pensée, ἔστιν ἡ νόησις νοησέως νόησις. La pensée, ou pour me servir d'une expression française qui correspond parfaitement à νόησις, et exprime, non pas seulement la virtualité du principe pensant, mais son action même, en même temps que la substantialité de cette action, *le penser* est ce qu'il y a de plus excellent : il est le souverain bien. Voilà pourquoi veiller, sentir et penser sont les plus grandes jouissances. L'espoir et le souvenir ne sont des jouissances que par leur rapport à celles-là.

L'univers contient-il le souverain bien comme un être séparé et indépendant, ou comme son bien propre, son ordre et son harmonie ? ou le contient-il des deux manières à la fois ? Le bien d'une armée est à la fois son ordre et son général. Ce dernier est même par excellence le bien de l'armée; car il n'existe pas en vertu de l'ordre : l'ordre au contraire est son ouvrage.

Tout dans l'univers, poissons, oiseaux, plantes,

est plein d'harmonie et se rapporte à une fin et à une existence unique.

Il n'y a qu'un seul principe, et Aristote termine par ce vers d'Homère, qui lui suffit pour exprimer sa pensée en face du polythéisme :

Plusieurs maîtres ne valent rien : il n'en faut qu'un

Οὐκ ἀγαθὸν πολυκοιρανίη· εἷς κοίρανος.

Reportons maintenant nos regards en arrière et voyons où nous sommes parvenus à la suite de notre auteur. Nous sommes arrivés à une contradiction absolue. Le premier chapitre a démembré toute la Métaphysique d'Aristote, l'a mise en pièces et l'a convaincue d'être un composé de parties différentes, dont les titres mêmes se retrouvent pour la plupart dans les deux catalogues anciens que nous possédons des ouvrages d'Aristote; et voilà que le second chapitre vient de nous montrer dans cette même Métaphysique un ordre admirable, le plus solide enchaînement. Un troisième chapitre va lever cette contradiction, et de la manière la plus simple du monde. Oui, Aristote, avant de composer sa Métaphysique, avait fait et publié beaucoup de traités particuliers sur cette même matière : de là, les différens ouvrages des catalogues; et plus tard, Aristote a entrepris de recueillir tous ces écrits en un grand corps où toutes ses idées fussent liées ensemble et ramenées à l'unité ; il se sera donc servi de ces écrits antérieurs, tout en les remaniant pour les combiner et les assortir à son but. Supposez maintenant que ce remaniement, cette composition n'ait pas été parfaitement achevée par Aristote, qu'il ne l'ait pas publiée lui-même, et qu'elle n'ait été publiée qu'assez long-temps après lui, lorsque les divers écrits particuliers qui lui avaient servi de matériaux étaient encore en circulation, et vous aurez l'idée la plus claire de ce qui s'est passé relativement à la Métaphysique d'Aristote. Elle forme un tout où règne une grande unité, et cette unité renversera toujours toutes les hypothèses qui tendent à nous la faire considérer comme un ouvrage de marqueterie composé par Andronicus de Rhodes. Et puis si Andronicus de Rhodes avait pu composer, même avec des morceaux d'Aristote, l'ouvrage dont on vient de lire une bien imparfaite analyse, Andronicus n'aurait pas été seulement un critique habile, ce serait un homme du plus beau génie, puisqu'il aurait créé l'ensemble de la Métaphysique, c'est-à-dire la Métaphysique elle-même ; car elle est tout entière dans cet ensemble ; c'est cet ensemble qui nous en manifeste la méthode, la marche, les procédés. Un pareil ouvrage philosophique ne peut appartenir qu'au grand philosophe ; et comme ce n'est ni Lycurgue, ni Pisistrate, qui ont fait l'Iliade avec des rapsodies d'Homère ; de même, ce n'est point Andronicus qui a composé l'Iliade de la philosophie, même avec des morceaux d'Aristote. D'un autre côté, dans cette Iliade comme dans l'autre, il y a des irrégularités, des répétitions, des dissonances, parce que ni l'une ni l'autre n'ont été achevée ni publiée par leur auteur. Enfin, comme les différentes parties de la Métaphysique avaient été, avant leur collection et composition définitive, des morceaux distincts et indépendans, et que ces différens morceaux avec leurs titres spéciaux sont encore mentionés dans le catalogue de l'anonyme et dans celui de Diogène de Laerte, il est assez naturel que bien des critiques aient contesté l'authenticité du tout, et n'aient admis que celle de ces pièces détachées. Telle est la manière très simple et très ingénieuse dont l'auteur résout la contradiction qu'il avait lui-même établie pour faire pénétrer plus profondément le lecteur dans la difficulté du sujet. Sans doute cette solution n'est pas une démonstration; ce n'est qu'une induction, et il ne faut pas oublier qu'en histoire les inductions n'ont qu'une valeur approximative. A défaut d'une certitude absolue, celle-ci a du moins le caractère de la plus grande vraisemblance, et on ne peut pas la mettre en lumière plus habilement que ne le fait l'auteur. Il entreprend de prouver par l'analyse de plusieurs grands ouvrages d'Aristote que ces ouvrages ont été composés de la même manière que la Métaphysique. La Morale à Nicomaque paraît bien un corps dont les divers membres auront d'abord existé séparément. Il en est de même de la Physique dont l'auteur donne une analyse très remarquable. Pour l'Organon, la chose est évidente de soi. Et l'auteur est tellement plein de cette idée, il en est venu à se familiariser tellement avec la manière de composer d'Aristote, qu'il entreprend de retrouver et de restituer l'élaboration successive de la Métaphysique. Il lui donne pour fondement et pour noyau le traité en trois livres περὶ φιλοσοφίας ; puis il nous montre Aristote augmentant successivement cette première base d'un certain nombre de traités particuliers, et toujours ainsi jusqu'à la rédaction dernière et définitive de la πρώτη φιλοσοφία, notre Métaphysique. Il compte quatre rédactions successives de cet ouvrage. Mais il lui suffit qu'on en admette deux, et dans cette limite nous sommes très portés à partager son avis et à regarder le traité περὶ φιλοσοφίας comme la base première de notre Métaphysique, et celle-ci comme le développement de ce premier traité sur un plan beaucoup plus vaste, qu'Aristote aura rempli à l'aide de tous ses écrits particuliers composés et publiés entre les deux points extrêmes de sa carrière.

Telle est la conclusion de la première partie du mémoire n° 5. Nous nous plaisons à répéter, et l'Académie pensera sans doute avec nous, qu'il est impossible de mieux traiter la première question posée dans le programme. S'il pouvait rester quelque incertitude sur quelques-uns des résultats auxquels l'auteur est arrivé, il ne peut y en avoir aucune sur le talent qu'il déploie pour y parvenir, et le seul embarras qu'il nous laisse est de décider si c'est à son érudition et à sa critique des détails ou à sa forte intelligence que nous devons donner la préférence.

Le plus grand éloge que nous puissions faire de la seconde partie de ce mémoire sur l'histoire de la Métaphysique d'Aristote et l'influence qu'elle a exercée, est de ne pas la trouver trop au-dessous de la première. Nous ne pouvions craindre de trouver ici comme dans le Mémoire précédent, une histoire presque matérielle des commentaires et des imitations qui ont été faites de la Métaphysique d'Aristote. L'auteur est trop philosophe pour ne pas considérer l'histoire de la Métaphysique dans celle des idées qui la représentent. C'est donc cette histoire des idées d'Aristote qu'il s'est attaché à reproduire; c'est leur influence ou avouée et consentie, ou ignorée même de ceux qui l'éprouvaient, qu'il retrace avec une grande précision, mais avec une concision qui dégénère quelquefois en sécheresse.

L'auteur part de ce principe, qui est la clef de l'histoire de la philosophie, que les principes d'aucun grand système ne se perdent dans l'histoire ; que c'est par leur vérité qu'ils se sont accrédités dans le monde, qu'ils s'y maintiennent et y prolongent leur influence. Lui aussi admire et partage cette grande pensée de Leibnitz : « J'ai trouvé « que la plupart des systèmes ont raison dans une « grande partie de ce qu'ils avancent, et tort seu- « lement dans ce qu'ils nient. » Ainsi les systèmes ne périssent pas tout entiers ; ils se décomposent et enrichissent de leurs dépouilles les systèmes qui les suivent. Quel est donc celui des principes de la Métaphysique d'Aristote qu'on peut en regarder comme le principe positif, et qui, à ce titre, doit avoir resisté à l'action du temps, traversé les siècles et exercé la plus grande influence sur tous les systèmes qui ont suivi ? Pour bien saisir ce principe, qu'on pourrait appeler le principe d'Aristote, il faut le comprendre dans son contraste avec le principe de Platon.

Si Platon recueille et résume en les élevant tous les systèmes antérieurs de la philosophie grecque, Aristote développe et perfectionne

Platon. Le génie de Platon est plus inventif; il y a en lui une richesse incomparable; et sous l'inspiration de l'enthousiasme, il produit et sème toutes les grandes vérités. Après lui, il s'agissait de coordonner tous ces résultats et de les réduire en système; c'a été la tâche d'Aristote. « Dans son enthousiasme, Platon, dit l'auteur, avait « trop oublié les choses particulières en se prome-« nant dans le ciel des idées. » L'idée, selon Platon, est la substance générale des choses, ce qui existe véritablement, le ὄντως ὄν. Le monde intellectuel des idées est le seul véritable, et les choses particulières n'ont qu'une existence passagère et phénoménale. Là est en même temps la limite du système de Platon et la part d'erreur qui s'y trouve. L'idée platonicienne n'existe qu'en puissance, comme Aristote s'exprime; elle n'est réelle, elle ne passe à l'acte que dans la particularité. La particularité n'est pas hors du genre, mais elle est elle-même le genre en acte, et l'idée ou l'universalité se retrouve dans son opposé même, qu'elle élève jusqu'à elle en même temps que celui-ci lui communique la réalité et la vie.

C'est ce principe de la particularité opposé à celui de l'universalité de l'idée platonicienne, qui est le principe suprême de la Métaphysique d'Aristote, et dont il faut reconnaître et suivre l'influence dans l'histoire entière de la philosophie.

Il n'est plus ici question d'éditions et de commentaires d'Aristote, mais de sa pensée qui, une fois mise dans le monde, y a fait sa route elle-même, a pénétré et vivifié tant d'esprits qui ne savaient pas même que la pensée qu'ils développaient appartenait à Aristote; et c'est là la vraie influence. L'influence avouée et connue ne produit guère que l'imitation, et celle-ci une reproduction stérile; mais l'influence ignorée inspire; elle fait éclore la diversité dans la ressemblance, et des systèmes qui ont une famille dans l'histoire, mais avec des traits et une physionomie qui leur est propre.

Notre auteur parcourt donc l'histoire de la philosophie depuis Aristote jusqu'à nos jours; et à l'aide du principe qui lui représente Aristote, il recherche et découvre dans tous les systèmes l'élément aristotélicien. Mais, il faut le dire, cette revue est un peu trop rapide, et l'élément aristotélicien est plutôt indiqué que fortement saisi, dégagé et mis en lumière, comme pourtant il aurait fallu le faire, dans des systèmes très difficiles à comprendre, et que l'auteur se contente de toucher en quelque sorte de sa formule péripatéticienne comme d'une baguette magique pour en faire jaillir l'élément caché du péripatétisme. Pour les lecteurs profondément versés dans l'histoire de la philosophie, cette analyse substantielle et rapide suffirait peut-être, et la manière de l'auteur, toujours précise, serait assez claire. Mais si on peut le défendre du reproche d'obscurité, il lui reste celui d'une roideur et d'une sécheresse qui tiennent sans doute à la brièveté de cette seconde partie. Nous retrouverons le même caractère dans la troisième, consacrée à l'appréciation de la Métaphysique d'Aristote.

Cette partie du programme de l'Académie appelait les tentatives et les spéculations hardies; car pour juger Aristote et déterminer ce qu'il y a de vrai et ce qu'il y a de faux dans la Métaphysique, et ce que la philosophie de notre siècle doit en rejeter et en prendre, il faut s'élever à une hauteur où l'on court risque de rencontrer bien des nuages. C'était là la partie aventureuse du programme, une arène ouverte aux conceptions personnelles et arbitraires; et voilà pourquoi vous aviez sagement séparé cette dernière partie des deux autres où il s'agissait de recherches toutes positives. Celle-ci était le champ naturel de l'esprit de système; et nous ne pouvons trop rappeler à l'Académie quel vol il fallait prendre pour dominer Aristote et le mettre en rapport avec notre temps. Vous ne serez donc pas surpris que l'auteur du mémoire n° 5 ne se soit pas fait faute d'emprunter ses jugemens à un système.

Après avoir montré que la Métaphysique a exercé la plus grande influence sur les doctrines qui l'ont suivie, il devait nécessairement admettre que cette influence peut être encore très puissante, et il proclame qu'il attend beaucoup de l'étude approfondie d'Aristote pour la philosophie de notre siècle. Selon lui, il y a dans le livre de la Métaphysique un certain nombre de vérités fondamentales qui ne peuvent pas périr et qui subsistent encore aujourd'hui. Il en énumère cinq qu'il trouve dans l'ouvrage grec, mais qu'il développe à sa manière, et qu'il élève à des formules sous lesquelles en effet les idées du philosophe de Stagire s'appliqueraient aux questions qui agitent la philosophie contemporaine. Mais ici votre rapporteur est dans un grand embarras; car s'il se contente de transcrire les propositions aristotéliques auxquelles est attribuée une si vaste portée, sans les développemens de l'auteur, il court le risque d'être parfaitement inintelligible; et pourtant les limites de ce travail lui interdisent d'entrer dans ces développemens. C'est ici surtout qu'il a besoin de compter à la fois sur l'intelligence et sur la patience de l'Académie.

Voici les cinq points que l'auteur recommande à la philosophie du xixe siècle :

1° Absurdité du dualisme : absurdité de partir de principes opposés, par exemple de l'unité seule ou de la seule pluralité; nécessité d'un terme ou principe intermédiaire qui réunisse les deux opposés, fasse disparaître leur opposition apparente et développe leur identité intérieure (livre 12).

Mais les opposés ne sont tels que parce qu'ils sont limités et finis; car c'est évidemment en se limitant qu'ils s'opposent l'un à l'autre. Le terme ou principe intermédiaire qui doit résoudre leur opposition doit donc être sans limites lui-même : il doit être infini.

Mais il ne peut y avoir de principe infini que la pensée. La matière ou l'existence extérieure étant limitée, l'un des opposés y exclut l'autre nécessairement. Il est donc impossible de trouver dans la matière le terme ou principe intermédiaire que nous cherchons. La pensée seule a cette universalité, cette infinité où la coexistence des opposés ne nuit point à la simplicité. « La « pensée, dit l'auteur, est cet être admirable qui « comprend et développe tous les opposés, toutes « les déterminations et les réalités, sans sortir de « son unité inépuisable; elle leur donne une « existence distincte, elle les distingue clairement « sans rien perdre de son unité intérieure. » Voilà comment il faut entendre Aristote lorsqu'il prétend que le terme intermédiaire entre les deux opposés doit être pris comme premier principe;

car cette proposition vient immédiatement après le développement de son principe fondamental, que la vraie pensée est la pensée de la pensée.

2° Cependant Aristote dit dans le livre 3ᵉ : « Il « n'existe pas de moyen terme entre deux opposés; « une chose est ceci, ou elle ne l'est pas; elle ne « saurait avoir en même temps les deux attributs « opposés. » Mais cette proposition ne s'applique qu'aux choses finies, et elle a besoin d'être expliquée par cette autre phrase du même livre : « En puissance, la même chose peut réunir les « deux opposés, mais non pas en acte; de sorte « que l'un des opposés peut naître de l'autre, « parce que celui-ci le contient virtuellement. » D'où il suit, selon l'auteur, que la première maxime d'Aristote, l'absurdité du dualisme et de plusieurs principes opposés, n'est point en contradiction avec cette seconde maxime, qu'il n'y a pas de moyen terme entre deux opposés, laquelle semble favoriser le dualisme et la pluralité des principes, parce que ces deux maximes se rapportent à des objets différens. La seconde ne se rapporte qu'aux phénomènes, la première à la substantialité des choses. L'opposition des principes est la loi du monde fini; l'harmonie des contraires est la loi de la pensée. La contradiction n'est donc qu'apparente, et sous cette contradiction apparente sont deux directions également utiles et également fécondes.

3° Le troisième point est l'identité de l'unité et de l'essence (livre 3). « Un homme est, et il est « un, dit Aristote, sont deux propositions iden- « tiques. » Si l'unité, c'est l'être, la pluralité n'existerait donc pas. Mais il implique que l'unité, la vraie unité, soit en principe autre chose que la pensée elle-même. Dans ce cas l'explication de la pluralité est donnée; car dès que l'unité n'est plus une simple abstraction, dès qu'à titre de pensée elle n'existe qu'en acte, et que l'acte implique plusieurs termes, il en résulte une pluralité qui vient de l'unité même et qui y retourne sans cesse, comme à son principe et au principe de l'être.

4° L'auteur explique encore et résout par la pensée l'opposition de la forme et de la matière, de la virtualité et de l'acte, de l'universalité et de la particularité. Comme la matière sans forme ne serait qu'une abstraction, de même la virtualité ne serait qu'une simple possibilité, si l'acte ne la réalisait. De même encore l'universel ne se réalise que dans le particulier. Les formes substantielles d'Aristote sont les idées de Platon. En effet Aristote dit positivement que la forme substantielle d'une chose est l'unité de son espèce. L'unité de l'espèce ne périt point avec les individus, mais se reproduit dans tous. L'individu est l'universel en acte. Les deux opposés ne s'excluent donc pas, et leur coexistence est la réalité de l'un et de l'autre. C'est dans le mémoire lui-même qu'il faut voir comment l'auteur explique la coexistence de ces deux opposés dans l'unité de la pensée.

5° Vient ensuite l'explication du premier principe considéré comme la pensée de la pensée. Ce point, précédemment exposé, est le triomphe de la Métaphysique d'Aristote, le dernier terme et l'unité des quatre principes ci-dessus mentionnés. Pour montrer la fécondité de ce principe suprême, l'auteur en varie les formes de différentes manières et rappelle toutes celles que lui a données Aristote. « La vérité et l'être, dit Aristote dans le 2ᵉ livre, répondent l'un à l'autre; » et ailleurs dans le 12ᵉ livre : « Dieu est l'acte éternel de la pensée. » Là est déjà l'idée chrétienne de la création par le verbe ou la pensée, et la base future de la philosophie moderne dans le *cogito, ergo sum* : penser, c'est être.

Tels sont les cinq points dans lesquels notre auteur renferme la part de vérité qui se trouve dans la Métaphysique d'Aristote. Nous n'avons pu que les indiquer, et peut-être par notre brièveté, au lieu de les mettre en lumière, les avons-nous compromis en ne les entourant pas des explications dont ils auraient grand besoin. Nous renvoyons à l'auteur une partie de ce reproche. En supposant qu'il n'ait pas quelquefois fait violence à la pensée d'Aristote, en la transformant comme il l'a fait, il est certain qu'il n'a pas mis dans cette transformation cet art heureux qui conduit aisément le lecteur de ce qu'il sait à ce qu'il ne sait pas, et d'une forme de la pensée à une forme différente et plus élevée, par une suite d'intermédiaires bien choisis et par une gradation habilement ménagée. Entre les idées d'Aristote et celles qu'expose l'auteur, il y a peut-être des différences essentielles; mais incontestablement, entre les formules d'Aristote et les siennes, la différence est immense, et pour être sauvée, elle demandait un art infini. Au lieu d'élever les idées et les formules d'Aristote à ses idées et à ses formules, il impose ses idées et ses formules à Aristote. Il n'éclaire pas l'antique monument, il l'offusque en quelque sorte de l'ombre d'un système étranger.

Quel est donc ce système qui sert à l'auteur de mesure et de règle de critique? Il va se dévoiler davantage dans l'indication de la part d'erreur que renferme à ses yeux la Métaphysique. Cette part d'erreur est surtout dans la méthode.

Sans doute l'auteur n'accuse point Aristote de n'avoir eu qu'une méthode empirique; lui-même rappelle les beaux passages du premier livre où la sensation est convaincue de ne pouvoir donner que le fait sans sa cause ni sa raison. Mais il lui reproche de s'adresser trop à l'expérience pour découvrir la vérité et les principes. C'est là, selon lui, que réside la part d'erreur qu'il s'applique à signaler. Il soutient que l'expérience ne peut servir à reconnaître les principes, et il ne lui laisse d'autre droit que celui d'un simple contrôle sur les résultats de nos spéculations. Nous ne pouvons admettre cette critique sans explication, et nous n'hésitons pas à protester contre ce procès fait en quelques mots à la méthode expérimentale.

L'auteur entend-il seulement par expérience, l'expérience sensible, l'empirisme? Dans ce cas il aurait raison; mais ce ne serait pas contre Aristate qui part de l'expérience sensible (ἐμπειρία), mais ne s'y arrête pas, et ne s'en sert que comme d'un point de départ nécessaire.

Maintenant n'y a-t-il pas une autre expérience que celle des sens? Au-dessus des sens, il y a en nous un entendement, une raison, une intelligence qui, à l'occasion des impressions sensibles, des besoins et des affections qu'elles excitent, entrent en exercice, et nous découvrent ce que les sens ne peuvent atteindre, tantôt des vérités d'un ordre vulgaire, tantôt des vérités de l'ordre le plus élevé, les vérités les plus générales, par exemple, les principes sur lesquels roule toute la Métaphysique d'Aristote. Aristote le dit positivement : il admet une intuition immédiate des premiers principes (liv. 3). Il ne s'agit plus ici des sens. C'est la raison qui nous révèle spontanément les principes. Mais cette raison et son action féconde, qui nous donne nos vraies connaissances, ne la connaissons-nous pas aussi? et comment la connaissons-nous? N'est-ce pas par la conscience et par la réflexion? Or la conscience et la réflexion ne constituent-elles pas une expérience tout aussi réelle que celle des sens? Cette expérience tout intérieure n'est-elle pas 1° certaine, 2° régulière, 3° féconde en grands résultats? L'auteur dira-t-il que les connaissances que nous devons à cette expérience intérieure, à la conscience et à la réflexion, en contractent un caractère personnel et subjectif? Mais nous répondrons que ce côté personnel et subjectif n'est que l'enveloppe et non le fond de la conscience; que son vrai fond, c'est la raison et l'intelligence qui y arrivent à la connaissance d'elles-mêmes? Est-ce l'auteur qui niera qu'il y ait dans la pensée humaine un fond éternel qui se manifeste par son côté subjectif lui-même, comme la puissance se manifeste par l'acte, et l'universel par le particulier? Est-ce l'auteur qui prétendra que la raison, par cela seul qu'elle se manifeste et agit en nous, et que nous en avons conscience, n'est plus la raison, c'est-à-dire l'essence même des choses, si, comme il l'a tant répété, l'essence des choses est dans la pensée? Laissons les mots à l'école et ne nous payons pas de formules vaines. Tout ce que nous savons sur quoi que ce soit, sur l'essence et sur la pensée, nous ne le savons que parce que nous pensons. Tout aboutit à notre pensée dans son caractère personnel et impersonnel tout ensemble, et c'est là qu'est le ferme fondement de nos conceptions les plus sublimes, comme des notions les plus humbles. Etudier en nous ce développement intérieur de l'intelligence, et constater ses lois, sans y mettre du nôtre le moins possible, c'est puiser la vérité à sa source la plus immédiate et la plus sûre.

Cette expérience rationnelle, combinée avec l'expérience sensible, fournit au philosophe tous les matériaux de la science.

A l'expérience nous rapportons encore l'investigation attentive des notions communes, généralement répandues, attestées dans les langues des hommes, manifestées par leurs actions, et qui composent ce qu'on appelle le sens commun, c'est-à-dire l'expérience universelle de nos semblables. Chacun de nos semblables est nous-même. L'artisan et le pâtre sont des hommes aussi; la nature humaine tout entière, l'esprit humain tout entier sont en eux; la raison, la pensée s'y manifestent, et en s'y manifestant avec ordre et selon les lois qui leur sont propres, manifestent et la nature et les lois de l'essence des choses. Etudier nos semblables, c'est nous étudier nous-même, et l'expérience du sens commun est toujours le contrôle nécessaire, et quelquefois même la lumière et le guide de notre expérience intérieure.

A côté de l'expérience du sens commun est l'expérience du génie. L'humanité, en agissant, en parlant, manifeste un système qu'elle ignore elle-même ; mais quelques hommes qui ont plus de loisir et de réflexion, cherchent ce système, et les essais qu'ils ont faits pour le découvrir, transmis d'âge en âge, forment une seconde expérience plus précieuse encore que la première ; cette expérience s'appelle l'histoire de la philosophie.

Ces quatre grandes espèces d'expériences composent une méthode expérimentale dont toutes les parties se soutiennent et s'éclairent l'une l'autre. Cette méthode est pour nous la vraie. Aristote l'a soupçonnée avec ses quatre élémens, et il l'a pratiquée sur quelques points avec une rectitude et une profondeur admirables. Mais il est certain que nulle part il ne traite spécialement de la méthode, et qu'il n'en a pas de parfaitement arrêtée. C'est la philosophie moderne qui a commencé à s'occuper de la méthode en elle-même, et c'est à la méthode expérimentale qu'elle doit ses progrès. Nous ne pouvons donc approuver l'auteur du mémoire que nous examinons de l'avoir traitée aussi légèrement et de lui avoir fait une aussi petite part dans l'étude de la philosophie.

Ce procès fait à l'expérience trahit l'école à laquelle appartient l'auteur. Déjà, malgré la pureté générale du style, nous avions rencontré plus d'un tour, plus d'une expression qui sentaient une plume étrangère; mais la direction philosophique qui se montre dans cette troisième partie est une preuve plus significative encore que le mémoire n° 5 nous est venu d'au-delà du Rhin. L'auteur lui-même nous apprend qu'il appartient à la dernière philosophie allemande, à cette grande école que notre illustre confrère M. Schelling a créée, et dont une branche féconde, devenue elle-même une école originale, reconnaît pour chef M. Hégel. L'auteur paraît un disciple fervent de ce dernier philosophe. Ce n'est pas nous qui l'en blâmerons; mais nous eussions désiré que, tout en demeurant fidèle au système de son célèbre maître, il en eût épuré la langue, et l'eût élevée à cette simplicité, à cette universalité qui seule peut réfléchir sans les fausser les systèmes de tous les pays et de tous les temps. Il y a trop ici le langage d'une école particulière, et ce défaut, qui déjà se faisait sentir dans la seconde partie, est souvent choquant dans la troisième, et forme à nos yeux le côté faible d'un ouvrage dont le mérite est d'ailleurs incontestable.

N° 9.

Ἔστιν ἡ νόησις νοησέως νόησις.

ARISTOTE, Métaphysique, liv. XII.

(285 pages in-folio.)

Le mémoire inscrit sous le n° 9 a des ressemblances frappantes avec celui qui précède ; et en même temps il en diffère essentiellement par la manière et le caractère général. Il lui ressemble par la même solidité de critique, l'étendue des connaissances historiques et à peu près le même point de vue philosophique. L'auteur est familier avec l'érudition et la philosophie allemande, mais à la clarté et à l'élégance du langage, on reconnaît partout la trace d'une intelligence française.

L'Académie doit être maintenant assez familière avec les problèmes que soulève son programme, pour qu'il soit moins nécessaire à votre rapporteur d'insister sur les solutions que le n° 9 en a données. Il suffira de les caractériser, et l'exposition nette et facile de l'auteur se prête mieux à une analyse rapide que la composition laborieuse et la profondeur un peu embarrassée du n° 5.

Ainsi que le mémoire précédent, le mémoire n° 9 divise en trois chapitres la réponse à la première partie du programme qui demandait aux concurrens la détermination du plan de la Métaphysique, et une analyse étendue de cet ouvrage.

Le premier chapitre traite de l'authenticité de la Métaphysique et des problèmes qui se rattachent à celui-là. Le deuxième est un long extrait des quatorze livres de la Métaphysique dans leur ordre actuel. Le troisième reprend en sous-œuvre la Métaphysique, l'examine et la résume dans ses élémens essentiels.

Le premier chapitre, avons-nous dit, est une revue critique de toutes les difficultés relatives à l'authenticité de la Métaphysique. Nous nous bornerons à indiquer les résultats auxquels l'auteur s'est arrêté.

1° Quant à l'histoire des ouvrages d'Aristote en général, il adopte l'opinion qui concilie les passages de Strabon et de Plutarque et celui d'Athénée en supposant que dans les passages des deux premiers écrivains, il s'agit des manuscrits mêmes d'Aristote, manuscrits qui auront passé de Théophraste à Nélée, et successivement à Tyrannion et à Andronicus, ce qui n'empêche nullement que Théophraste n'en ait laissé prendre des copies aux péripatéticiens de son temps lesquels certainement connaissaient les écrits d'Aristote; et c'est probablement des copies de ces manuscrits que Nélée aura vendues à Ptolémée pour la bibliothèque d'Alexandrie, où les écrits d'Aristote se trouvaient bien avant l'édition d'Andronicus.

2º Quant à la Métaphysique en particulier, l'auteur suit l'opinion d'Asclépius de Tralles, qu'Aristote avait en effet composé cet ouvrage, mais qu'à sa mort, ne l'ayant pas entièrement achevé, il avait laissé à Eudème le soin de le terminer et de le publier. Eudème étant mort sans avoir pu remplir cette tâche, l'ouvrage resta avec d'assez nombreuses lacunes; ceux qui vinrent ensuite remplirent ces lacunes comme ils purent, à l'aide des autres écrits d'Aristote.

3º Si l'on retrouve dans les deux catalogues connus des écrits d'Aristote, la plupart des livres de la Métaphysique, comme traités particuliers et avec des titres spéciaux, il n'en faut pas conclure que la Métaphysique n'a été qu'une collection de ces écrits faits après coup par Andronicus; il faudrait bien plutôt supposer que l'ouvrage entier avait été composé par Aristote lui-même, et qu'après lui, on l'aura démembré en un certain nombre de morceaux, auxquels on aura donné des titres particuliers. Cette hypothèse, que l'auteur présente d'ailleurs avec réserve, est gratuite et très peu vraisemblable; car un grand ouvrage comme la Métaphysique d'Aristote, s'il eût été une fois connu dans sa totalité, eût inspiré trop de respect pour être ainsi mis en pièces et dénaturé. Tout s'explique dans l'hypothèse du n° 5, savoir: qu'Aristote aura d'abord publié plusieurs traités particuliers sur ces matières, et qu'ensuite il les aura rassemblés lui-même en un corps d'ouvrage; mais que ce corps d'ouvrage ayant paru assez tard, et plusieurs siècles après la mort d'Aristote, les écrits séparés qui avaient précédé sa composition, avaient continué d'avoir leur cours, et étaient restés dans les bibliothèques, où les auteurs compilés par Diogène de Laërte les avaient vus, avant l'édition d'Andronicus.

4° L'ordre des livres de la Métaphysique, tel qu'il est aujourd'hui, est encore le plus satisfaisant, mais il ne faut pas chercher dans l'ouvrage une grande unité. « Quelques livres, dit l'auteur, « se rattachent à peine à l'ensemble. Dans les « autres on est arrêté à chaque pas par des épi- « sodes historiques et dialectiques, par de lon- « gues et confuses réfutations, par des redites « continuelles. Le sujet semble sans cesse re- « commencer; les questions se reproduisent « presque au hasard, et les plus importantes « sont souvent le plus brièvement énoncées et

« résolues en passant. En un mot, il y a ab-
« sence complète de proportion et de systéma-
« tisation. » Cette opinion se rapporte au récit
d'Asclépius, sur lequel l'auteur s'appuie; mais
elle est en parfaite contradiction avec l'opinion
du n° 5, qui nous a fait voir dans la Métaphysique
un ordre admirable. Nous inclinons à penser que
l'un et l'autre ont un peu exagéré, l'un l'unité,
l'autre le désordre de la Métaphysique.

5° Voici les seuls changemens que propose l'auteur : faire suivre le premier et le troisième livre;
démembrer le second, l'A ἔλαττον, en trois fragmens
dont le dernier se rapporte à la Physique, et les
deux autres doivent être incorporés au quatrième
livre. Le dixième livre interrompt, il est vrai, la
marche de l'ouvrage, mais on ne sait quel autre
place lui assigner. Le douzième livre est véritablement le dernier; le treizième et le quatorzième
forment un appendice.

Le deuxième chapitre de la première partie
de ce mémoire est une analyse de la Métaphysique, livre par livre, et presque chapitre par
chapitre. Cette analyse est souvent une véritable traduction. De nombreuses citations au
bas des pages témoignent du soin que l'auteur
y a mis. Nous préférons ce travail à celui du n° 1,
mais il nous paraît au-dessous des extraits sub-
stantiels du n° 5. En tout le n° 5 a dans cette pre-

mière partie une supériorité incontestable sur le mémoire que nous examinons pour l'abondance des idées, la profondeur de la discussion et l'originalité des résultats.

Le dernier chapitre de cette première partie réduit à un certain nombre de points fondamentaux toute la Métaphysique d'Aristote. Ce morceau est celui sur lequel l'auteur a réuni tous les efforts de son érudition et de sa critique historique et philosophique. Non seulement il essaie d'y dégager les idées fondamentales d'Aristote du sein des immenses détails que contient l'analyse précédente; mais, afin de mieux mettre dans leur jour ces idées, il les juge, prématurément peut-être, et anticipe un peu sur sa réponse à la troisième partie du programme.

Ainsi que le mémoire n° 5, il s'attache à bien faire ressortir le principe et le caractère du système de Platon qui est le point de départ de celui d'Aristote. A l'aide de ses propres recherches et de l'excellent écrit de M. Trendelenburg (1), il explique parfaitement la théorie des idées. Comme le n° 5 et le n° 1, il n'hésite point à reconnaître aux idées platoniciennes un tout autre caractère que le caractère psycologique et logique des idées générales

---

(1) *Platonis de ideis et numeris doctrina ex Aristotele illustrata*, Lipsiæ, 1826.

de la philosophie moderne ; il leur attribue la réalité : et c'est là en effet la vraie pensée de Platon. Loin de la combattre, comme le fait le n° 1, notre auteur lui reconnaît un grand fond de vérité; seulement, comme le n° 5, il reproche à Platon de s'être arrêté au genre et d'y avoir concentré la réalité sans s'inquiéter des choses particulières. La gloire d'Aristote est d'avoir rétabli l'importance de la particularité en opposition au genre, qui domine trop exclusivement dans Platon. Le genre sans l'espèce n'est qu'une abstraction impuissante, et l'idée platonicienne ne peut avoir de réalité que dans les choses particulières où se trouve, selon Aristote, la véritable existence. L'auteur s'efforce de prouver que la matière dans la métaphysique péripatéticienne joue à peu près le même rôle que l'idée dans la doctrine de Platon. Or la matière n'est rien que par les déterminations que la forme lui impose, comme la forme n'existe pas séparée de la matière. La forme péripatéticienne, c'est précisément l'élément d'individualité dans les choses. Dans la logique, c'est l'élément de la différence ; et comme dans le monde extérieur, c'est la forme qui fait la réalité, de même dans la logique, c'est la différence et non pas le genre qui caractérise essentiellement le défini. L'essence est donc dans la différence, dans l'individualité. La matière n'est qu'une simple possibilité d'être ; la forme est ce qui réalise cette possibilité, et lui donne l'actualité : la forme est une énergie, ἐνέργεια ; c'est l'élément actif.

Si maintenant, au lieu de la forme et de la matière dans tel ou tel objet, on s'élève à la matière première et universelle et à la forme première et universelle, on trouve entre l'une et l'autre le même rapport. La forme est toujours l'acte opposé à la simple puissance ; elle est toujours ce qu'il y a de plus excellent ; et quand on passe de l'ontologie à la théologie, l'être absolu y devient le premier moteur, à la fois immobile et mouvant tout. Cette activité absolue est en même temps l'objet dernier de tout désir, la fin de toutes choses, c'est-à-dire le bien.

Elle est aussi le dernier terme de la pensée, l'intelligible ; mais cet intelligible est lui-même intelligence, l'intelligence absolue qui, en se comprenant elle-même, se distingue sans se diviser en un sujet intelligent et un objet intelligible, d'où cette haute formule, qui est la dernière conclusion de la Métaphysique d'Aristote : le premier principe, ou Dieu, est la pensée éternelle, pensée dont le caractère essentiel est d'être la pensée de la pensée (liv. 12. Ed. Brand., pag. 255): οὕτως δ'ἔχει αὐτὴ αὑτῆς ἡ νόησις τὸν ἅπαντα αἰῶνα ; et au même lieu : ἔστιν ἡ νόησις νοήσεως νόησις.

C'est dans le mémoire n° 9 qu'il faut chercher la

preuve de l'exactitude de ce résumé. L'auteur le tire d'une masse de citations rapprochées, combinées, et discutées avec soin. Peut-être y a-t-il dans ce chapitre trop de détails qui eussent été utilement rejetés dans les notes à la fin du mémoire, ainsi que l'auteur l'a fait pour l'explication approfondie de la célèbre formule d'Aristote : τὸ τί ἦν εἶναι, et de quelques autres locutions du même genre que celle-là. La série de transformations par lesquelles passe le principe aristotélique de la forme, dégagée de tout cet entourage, eût été plus facile à suivre, et le chapitre entier eût gagné en force et en lumière. Pour être compris, il ne faut pas tout dire : il faut savoir choisir parmi ses pensées, et dans une exposition philosophique plus que partout ailleurs : *quidquid non adjuvat, obstat*. Nous aurions aimé aussi que l'auteur s'en tînt davantage à la langue d'Aristote et n'y mêlât pas quelquefois celle de la dernière philosophie allemande; car c'est alors pour le lecteur français deux difficultés au lieu d'une.

On voit combien ce mémoire a de ressemblance avec le mémoire précédent. Cependant sous cette ressemblance se cache une profonde différence. L'auteur du mémoire précédent semble penser qu'en donnant à la philosophie d'Aristote une interprétation nouvelle, on y peut trouver la vérité tout entière. Telle n'est pas l'opinion de notre auteur. Il ne croit pas qu'Aristote ait absolument raison contre Platon, et que tout soit fini quand on a substitué l'individu au genre, l'acte à la puissance ; car il reste à déterminer leur rapport, et si le genre est absorbé dans l'individu et la puissance dans l'acte, au lieu de l'abstraction de l'idée platonicienne, on a une abstraction en sens opposé ; il reste des formes qu'on peut, si l'on veut, appeler substantielles, mais qui manquent de véritable substantialité. Nous laisserons ici parler l'auteur pour donner une idée de sa manière avec ses qualités et ses défauts.

Page 166. « Platon avait considéré l'être sous
« le point de vue de la généralité ; c'est son défaut,
« mais aussi sa grandeur ; car le général, c'est le
« rapport, et c'est sur le rapport que se fonde la
« proportion, la mesure, l'harmonie. Le monde
« de Platon, ce monde mathématique, est donc
« aussi le monde de la beauté ; la pensée y remonte
« avec amour tous les degrés de l'échelle des idées,
« jusqu'à l'unité suprême qui en est la mesure
« commune.

« Aristote, en fondant le général sur l'individuel,
« lui a ôté sa haute valeur. L'être demeure isolé
« dans sa particularité, τὸ καθ' ἕκαστον. Il n'y a plus
« dans la nature que division ; plus de mesure,
« d'harmonie ; Dieu sans providence ; la vie hu-
« maine sans idéal à poursuivre ; toute beauté et

« toute poésie ont disparu. C'est le moment de la
« prose. Mais dans la vraie science doivent se ré-
« concilier la prose et la poésie....

« L'entéléchie d'Aristote est supérieure à l'idée,
« puisqu'elle est réelle et vivante. Elle lui est su-
« périeure comme l'acte au possible; mais le rap-
« port intime de la puissance à l'acte, du non-être
« à l'être, du négatif au positif, ce rapport n'y est
« pas encore saisi et ramené à son origine.

« Aristote n'a donc point résolu cette profonde
« objection des Mégariques (Met. IX, 3. p. 177) :
« La puissance n'est pas distincte de l'acte, car
« elle ne se manifeste que dans l'acte.

« Il fallait répondre en reconnaissant la coïn-
« cidence dans l'absolu de l'actuel et du possible.
« L'absolu, c'est la force qui se développe sans
« cesse et passe éternellement de la puissance à
« l'acte. C'est là que se trouve la véritable énergie,
« la vraie puissance, la cause. Aristote ne s'est
« pas élevé à cette notion. L'absolu est pour lui
« l'acte pur; la substance en soi disparaît der-
« rière son actualité. Ce n'est plus le νοῦς qui se
« pense; c'est la pensée, νόησις; ce n'est plus l'être
« vivant, c'est la vie. »

Nous n'avons pas à nous prononcer sur le point
de vue que notre auteur élève ici au-dessus
du point de vue aristotélique. Il nous suffit de
constater qu'il ne croit pas la philosophie ter-

minée avec Aristote, quand même on lui donnerait une tournure nouvelle; loin de là, ses conclusions sur le système d'Aristote pourraient passer pour sévères; du moins, il nous est impossible de souscrire à l'accusation du Dieu sans providence, si souvent intentée à Aristote, et que notre auteur a renouvelée. Il dit quelque part que le premier principe est plutôt, dans le système aristotélique, la fin des choses que la puissance qui les produit; que le bien y est plutôt l'objet du mouvement de toutes choses que la cause bienfaisante de ce mouvement. Mais il n'aurait pas dû oublier que ce premier principe, qui est la fin et le bien des choses, a été établi d'abord comme le premier moteur, le premier principe de tout mouvement qu'il imprime sans le subir. De plus ce premier principe n'est-il pas intelligent aussi bien qu'intelligible? ne se pense-t-il pas lui-même, c'est-à-dire, n'a-t-il pas conscience? ce dernier point est manifeste. « Si le « premier principe, dit Aristote (livre XII « chap. 9, Ed. Brand. p. 254), ne pense pas, il n'est « plus ce qu'il y a de plus excellent et de plus « auguste; il n'est guère qu'un sommeil éter-« nel. « Εἴτε γὰρ μηθὲν νοεῖ, τί ἂν εἴη τὸ σεμνόν, ἀλλ' ἔχει « ὥσπερ ἂν εἰ ὁ καθεύδων. » Et il y a une foule de passages de ce genre. Ainsi le Dieu d'Aristote a la puissance motrice; il est le bien, il est la fin, et il pense; nous demandons ce qui lui manque pour être providentiel. Sans doute il ne crée pas; mais si la création achève l'idée de la providence, il peut y avoir encore providence sans création. Platon lui-même n'a ni connu ni soupçonné la création. Peut-on l'acccuser d'avoir ignoré la providence? Le Dieu d'Aristote n'est pas le Dieu des chrétiens; c'est un Dieu qui opérant sur une matière co-existante, il est vrai, mais dont toute l'existence est l'absence même de toute détermination, lui communique la forme, le mouvement et l'ordre avec intelligence, c'est-à-dire avec conscience. C'est donc bien plus que l'ame du monde; c'est toute la providence à laquelle l'esprit humain pouvait s'élever sous le règne du paganisme. Et en repoussant cette accusation, nous ne voulons pas justifier seulement Aristote; nous entendons justifier la philosophie elle-même dont tous les grands représentans ont admis et proclamé la divine Providence, tout aussi bien que les religions, mais, comme les religions, dans la mesure de leur temps et selon le degré de lumière et de civilisation auquel l'humanité était parvenue.

Passons maintenant à la seconde partie de ce mémoire qui contient l'histoire de la Métaphysique d'Aristote.

Ce morceau est sans contredit le meilleur de

tout l'ouvrage, et il suffirait pour placer ce mémoire à un rang très élevé. L'auteur y fait passer la pensée aristotélique et les points de vue essentiels qui la constituent à travers tous les systèmes depuis Aristote jusqu'à nos jours ; il en suit les dégradations et les perfectionnemens, négligeant les détails stériles et s'attachant toujours au fond des choses, avec une sagacité philosophique et une étendue d'érudition heureusement combinées. Ce n'est point ici comme dans le n° 5 où la profondeur philosophique dégénère quelquefois en sécheresse, ni comme dans le n° 1 où une instruction variée s'élève rarement à l'esprit philosophique. Comme le n° 1, notre mémoire possède les détails les plus minutieux de ce qu'on pourrait appeler l'histoire externe de l'aristotélisme ; et d'un autre côté, l'histoire interne de cette doctrine y occupe toujours le premier plan, aussi bien que dans le mémoire n° 5. Les idées et les faits y sont fondus harmonieusement, et l'ensemble est à la fois animé et lumineux.

Malheureusement il est très difficile de présenter une analyse de vues historiques, dont le plus grand mérite est dans leur enchaînement, et nous craindrions de gâter cette belle partie de notre mémoire par un extrait sans couleur et sans vie. Nous nous contenterons de signaler les points suivans, comme les plus importans et les mieux travaillés :

1° Dans l'antiquité, l'examen du Néoplatonisme, la détermination des élémens péripatéticiens qu'il renferme, du perfectionnement qu'il leur doit, et de celui qu'il leur a ajouté en les rattachant à la doctrine platonicienne dans une combinaison qui est un progrès considérable, et où l'unité, qui est le principe suprême de Platon, contient la différence qui est le principe suprême d'Aristote;

2° Dans le moyen-âge l'exposition du nominalisme et du réalisme et de la portée des querelles de cette époque sur le principe de l'*individuation*, (*de principio individuationis*), c'est-à-dire sur la manière d'expliquer le rapport du général au particulier dans la réalité où ces deux élémens s'unissent;

3° Dans la philosophie moderne, la proscription de l'élément péripatéticien par l'école cartésienne qui finit par absorber l'individualité, la différence et toute particularité dans l'unité d'une substance sans action; et restitution finale de la pensée d'Aristote par Leibnitz qui la développe et la perfectionne. Nous croyons devoir donner ici presque tout le morceau sur le péripatétisme perfectionné de Leibnitz, comme un de ceux qui marque le mieux la direction philosophique de l'auteur.

Page 249. « Toute substance, dit Leibnitz (édit.
« Dutens, tom. ii, pag. 32), est essentiellement
« active : toute substance est une cause, et tout
« phénomène un effet; la cause produit elle-même
« ses phénomènes; elle est donc sans cesse en acte,
« et se produit sans cesse au dehors. C'est une
« force, et son existence même est dans son dé-
« veloppement. Ainsi est ramenée dans l'être l'ac-
« tualité et la réalité aristotélique. Leibnitz a si
« bien senti le progrès historique qui vient s'a-
« chever dans cette haute notion, qu'il croit la
« retrouver tout entière et formellement exprimée
« dans l'entéléchie; partout il donne ce nom à sa
« force ou monade. (*Ibid.* pag. 20, 54, 87, 196, 268.)
« Mais combien l'idée de l'ἐντελέχεια est dépassée,
« ou plutôt combien elle est agrandie, élargie, élevée
« à une haute puissance! Nous avons dit comment
« l'alexandrinisme avait conçu l'absolu, comme
« le point où se réconcilient l'actuel et le pos-
« sible...... Mais l'être du néoplatonisme développe
« sa puissance par une émanation perpétuelle et
« involontaire. Le christianisme, la religion de
« l'esprit et de la moralité, devait mettre au
« monde la véritable idée de l'action : il ne suffit plus
« de l'émanation ; il faut que l'être soit la cause et la
« cause active de son développement ; il faut qu'il y
« aspire et qu'il y tende ; qu'il se sorte lui-même du
« repos et de l'indifférence, que sa virtualité de-

« vienne *vertu*, son action *énergie*. Telle est la pensée
« qui doit arriver dans le monde moderne, à la con-
« science de l'humanité. Cette pensée, elle flotte
« presque égarée à travers la dialectique du moyen-
« âge; mais mûrissant en secret dans l'intimité de
« l'ame chrétienne, grandissant même, comme nous
« l'avons montré, dans le champ épineux de la scho-
« lastique, nous la voyons qui perce et surmonte
« l'empirisme de Campanella ; elle s'épanouit dans
« Leibnitz. Ce qui manquait encore avant lui, c'était
« le moment de la tendance, de l'*effort*, intermé-
« diaire entre la puissance et l'acte : il est hautement
« exprimé dans l'entéléchie leibnitienne. « Vis ac-
« tiva actum quemdam, sive ἐντελεχείαν continet,
« atque inter facultatem agendi actionemque ip-
« sam media est, et conatum involvit ; atque ita
« per se ipsam in operationem fertur (OEuvres
« de L. tom. 2, part. 1re, pag. 20). Ἐντελέχεια ἡ
« πρώτη, id est nisus quidam seu vis agendi pri-
« mitiva..... (*Ibid.* p. 196).....

« La conception de la force comme principe
« personnel, voilà ce qui n'appartient qu'à Leibnitz.
« De cette notion dérive immédiatement celle de
« la hiérarchie des êtres et de l'harmonie du
« monde, et c'est ici qu'apparaît clairement le
« vice de la conception aristotélique de l'être
« comme identique avec la simple forme. Aristote
« ne trouve pas l'intermédiaire entre la multitude

« indéfinie des formes individuelles; et l'absolue
« unité du νοῦς. Au contraire ici, par cela seul
« que la force se développe perpétuellement sans
« arriver jamais à sa réalisation complète, il peut
« y avoir des forces plus ou moins développées,
« et le monde s'échelonne par une gradation in-
« sensible, du point le plus infime de l'existence
« jusqu'à la force infinie où l'acte et la puissance
« trouvent leur union absolue, et qui embrasse
« l'univers dans son action providentielle. Les
« êtres ne diffèrent donc les uns des autres que
« par le degré de leur réalisation, comme l'avait
« compris Aristote, et leur mouvement est dans
« le perpétuel passage à l'acte ; mais ce mouve-
« ment, et c'est ce qu'Aristote n'avait pas vu, ils le
« produisent par leur activité propre : le monde
« n'est plus seulement un acte éternel; sa vie est
« dans l'action et dans la production spontanée.

« La théorie de l'identité de la pensée et de l'être
« suit le même progrès; elle s'organise dans l'idée
« de la force et se développe avec elle. A mesure
« que l'être s'élève dans l'échelle, il passe de la
« sensation à la perception, de la perception à la
« pensée, de la pensée à la conscience, et c'est
« alors qu'il se reconnaît absolu, et tire de soi les
« lois absolues de l'intelligence; car *l'intelligence*
« *est innée à elle-même (nihil est in intellectu*

« *quod non fuerit in sensu nisi ipse intellectus*).
« Ainsi les lois de la pensée coïncident sans cesse
« avec celles de l'existence; le platonisme coïncide
« ici avec l'aristotélisme (*Nouveaux Essais sur*
« *l'entendement humain*, c. 1, p. 27) dans un
« plus large système.

« Ce qui s'opposait à la matière, dans les phi-
« losophies antiques, c'était la forme, le λόγος, la
« pensée, et enfin, dans la formule péripatéti-
« cienne, l'actuel. Or maintenant que la puis-
« sance est réconciliée avec l'acte dans la simpli-
« cité féconde de la force, que devient la matière?
« c'est la force au point de vue de la limitation;
« par suite c'est le *passif*, l'*objet* que l'activité
« aspire à embrasser dans sa sphère d'action. Mais
« ce n'est le passif et le possible qu'à un point de
« vue relatif, et en vertu d'une opposition relative;
« dans la réalité c'est encore la force qui s'oppose
« à la force (OEuvres, t. 2, p. 268. Maine de
« Biran, art. Leibnitz). »

L'auteur termine cette histoire de la Métaphysique péripatéticienne par un coup d'œil sur la
philosophie allemande depuis Kant jusqu'à nos
jours, pour essayer d'y découvrir quelque trace
de l'influence de la pensée d'Aristote; mais ce dernier morceau n'est qu'une esquisse où rien n'est
assez developpé pour qu'on puisse y trouver

quelqu'instruction ; et l'auteur eût mieux fait peut-être de la retrancher.

Il est temps d'arriver à la dernière partie de ce mémoire, et de faire connaître la réponse qu'il renferme à la question imposée aux concurrens comme le terme de leur travail : quelle est la part de l'erreur et la part de la vérité dans la Métaphysique d'Aristote; quelles sont les idées qui en subsistent encore aujourd'hui. et qui pourraient entrer utilement dans la philosophie de notre siècle? L'auteur pense que tout son travail a été une réponse progressivement développée à cette question, et qu'il ne lui reste plus qu'à résumer cette réponse, à la réduire à son expression la plus simple et la plus claire.

Il est bien entendu qu'il ne s'agit point ici des détails, mais des principes, des élémens constitutifs de la Métaphysique, de son esprit, de sa substance.

L'auteur proclame d'abord la partie historique de la Métaphysique comme l'un des plus beaux titres de gloire d'Aristote. Aristote a fondé l'histoire de la philosophie : il recherche partout ce qui est vrai et signale aussi l'erreur sans indulgence, mais presque toujours sans injustice. Quant à la critique du platonisme, tout en admirant la pénétration et la force qu'Aristote y a déployée, notre auteur reconnaît qu'il a laissé dans l'ombre un côté de la question; mais ce n'est point infidélité historique; c'est que « dans la pensée même « d'Aristote, il est resté de l'ombre sur le point de « vue de la généralité, sur la région de l'idéal où « s'était élevé Platon. »

Pour Aristote, l'idée de Platon, le général, l'universel, ne sont que des abstractions, des formes vides sans réalité; toute réalité réside dans le particulier, et le général ne se réalise qu'en s'individualisant. La matière ne se détermine que dans la forme et par la forme, et toute forme est individuelle, car toute forme est active. Rien n'est qui ne soit en acte; et l'acte dans sa plus haute conception, c'est l'acte de la pensée. Dans ce cas, tout se réduit à l'acte en soi. De peur de l'abstraction de la généralité, Aristote, pour sauver la réalité, l'individualité, la différence, s'est renfermé dans l'activité seule; mais il n'a pas vu que dans cette activité pure, la réalité elle-même périt, et que si l'être sans acte qui le réalise est une abstraction, l'acte lui-même sans un fond substantiel, est aussi une abstraction, et qu'il n'y a de réalité que dans la relation de l'être et de l'acte, de l'acte comme manifestation perpétuelle de l'être, et de l'être comme base éternelle de l'acte.

« Il n'est pas vrai, dit l'auteur du mémoire n° 9, « que nous laisserons encore parler lui-même, de

peur de lui servir d'interprète infidèle sur un point où l'erreur la plus légère en apparence, la moindre nuance mal saisie, l'adoption de telle ou telle formule peut avoir les plus graves conséquences et changer tout l'aspect d'un système; « il n'est pas vrai que l'être soit tout entier
« dans la simplicité de l'acte pur; car ce ne serait
« plus que cet acte même, et non pas une réalité
« actuelle; l'acte n'est qu'un moment de l'être, la
« forme qui l'enveloppe et le limite, le fini où se
« manifeste sans cesse son infinité. Tout véritable
« être est donc concret, c'est-à-dire qu'il contient
« le possible sous l'acte, et que bien loin d'être
« une détermination pure, une forme immobile,
« il se détermine sans cesse soi-même. C'est le
« mouvement de la vie.

« Ainsi le réel est donc à la fois fini et infini.
« Tout ce qui n'est que l'un ou l'autre, n'est
« qu'abstrait..... L'être en rapport avec lui-même
« c'est l'esprit. Par cela seul qu'il est conçu
« comme une unité réelle, comme ce qui se dé-
« veloppe soi-même, l'esprit a ses momens néces-
« saires dont le rapport constitue sa loi. Ces mo-
« mens sont les formes de la pensée, formes générales
« et abstraites, si on les considère chacune en soi,
« mais qui ont dans l'esprit leur réalité et leur vie,
« formes possibles, mais en même temps actuelles,
« qui expriment son évolution progressive. Elles

« ne sont plus vides, séparées de l'être et séparées
« entre elles : elles forment un organisme har-
« monique. Telle est la véritable logique : ce n'est
« pas une juxta-position d'abstractions, mais un
« tout vivant..... L'être d'Aristote, conçu comme
« simple d'une manière absolue, ne peut sortir de
« soi, car il est tout entier dans sa manifestation,
« la pensée pure; il y reste concentré pour ainsi
« dire comme en un point mathématique. C'est
« une identité immédiate où il n'y a point de
« place pour la différence; d'où il suit qu'il y
« manque le moment de la personnalité. La per-
« sonne, c'est l'être qui se pose par opposition à
« tout ce qui n'est pas soi, en se reconnaissant
« comme identique dans la variété de son dévelop-
« pement. Au contraire, l'être absolu d'Aristote,
« le νοῦς se saisit immédiatement et ne se déve-
« loppe pas, d'où il suit qu'il n'y a point de pro-
« vidence..... Réciproquement; en partant de l'autre
« extrémité de l'échelle, l'être relatif n'a point de
« but absolu; il n'y a plus d'idéal, ni du bien ni
« du beau. Dieu, le νοῦς, cependant, est le bien
« suprême du monde, et le monde y aspire comme
« à sa fin : mais dans Aristote, cette tendance n'est
« qu'une tendance fatale; car cette fin, c'est la
« forme universelle elle-même qui enveloppe
« toute la nature (περιεχεῖ τὴν ὅλην φύσιν). Ce n'est
« pas là une aspiration spontanée, et l'idée de la

« moralité y manque complètement : il manque
« l'idée du libre mouvement de l'agent vers l'ab-
« solu.

« Telle est la double conséquence de la théorie
« péripatéticienne du νοῦς ; puisque le rapport
« du fini à l'infini n'y était pas exprimé, le lien
« devait être rompu entre le monde et Dieu.....

« L'Aristotélisme n'est pas un monument ruiné
« d'un monde fini, dont on doive faire ren-
« trer quelques débris dans la construction de
« la philosophie moderne. Il faut qu'il y entre
« tout entier, comme aussi le Platonisme ; mais
« tous deux transfigurés et réconciliés,..... et
« élevés à une vie nouvelle dans un système supé-
« rieur.....

« Quel doit être ce système ? quelle est la philo-
« sophie à laquelle appartient l'avenir ? Nous ne
« croyons pas être obligés de donner une réponse
« formelle et complète sur un pareil problème. Le
« grand mouvement scientifique de notre temps
« n'est point achevé, et nous ne nous hasarderons
« pas à lui marquer sa fin. Seulement, en nous
« renfermant dans le cadre qui nous était tracé,
« nous sommes arrivés, portés par l'histoire, aux
« résultats que nous venons de développer et qui
« se résument ainsi :

« 1° La vraie méthode est dans le retour de
« l'esprit sur soi-même, où il se saisit à la fois dans

« sa puissance et dans son développement, comme
« cause active et force absolue;

« 2° Le principe suprême de toute réalité, dans
« l'existence comme dans la pensée, est la *force* où
« l'infini et le fini se différencient et s'identifient
« sans cesse dans le mouvement de la vie. Le sys-
« tème de la pensée et du monde se développe
« par une progression harmonique, sur le prin-
« cipe de la force, comme un dynamisme uni-
« versel;

« 3° La loi de la méthode philosophique repré-
« sente la loi de la pensée et de l'existence; c'est
« le développement et le renveloppement (ana-
« lyse et synthèse), la réduction des différences à
« une unité de plus en plus haute, où elles re-
« trouvent leur valeur et leur vérité absolue. »

Nous avouons que nous n'avons pas le courage de soumettre à une analyse trop sévère de si riches espérances, un si généreux enthousiasme. Ceux mêmes qui ne partageraient pas la sécurité de l'auteur dans l'absolue vérité des principes qu'il vient de développer, ne pourront s'empêcher de rendre hommage à l'étendue et à l'élévation de ses idées, à sa manière large et facile, à la vivacité et à la dignité de son langage. Pour nous, au nom même de l'intérêt que nous inspire et le talent de l'auteur et sa direction philosophique, nous l'inviterons à mûrir par une méditation patiente les germes déposés dans cet écrit, et au lieu de se précipiter en avant, à revenir sur ses pas et à se rendre un compte sévère des notions fondamentales qui sont à la racine de sa théorie. Plus elle a de prix à ses yeux, plus il lui doit de la dégager de toute apparence chimérique et de lui imprimer sans cesse plus de rigueur et de précision.

Il n'est pas difficile de reconnaître que l'auteur de ce mémoire a passé par la philosophie allemande. Nous le féliciterons d'avoir conservé dans ce commerce avec des génies étrangers la liberté de sa pensée; d'avoir emprunté des inspirations à l'Allemagne sans subir le joug d'aucune école particulière. Lui-même déclare qu'il n'adopte exclusivement ni la doctrine de M. Schelling, ni encore moins, dit-il, celle de M. Hegel. L'une et l'autre pourtant ont visiblement animé et nourri sa pensée; mais elles ne l'ont point enchaînée. Le seul système qu'il consente à reconnaître comme le fondement du sien, est celui de Leibnitz vivifié et organisé par la science moderne et où l'aristotélisme est venu recevoir sa dernière transformation. Nous ne pouvons qu'applaudir à ce jugement et à ce choix : Leibnitz est un maître que les plus indépendans peuvent avouer. Placé au faîte de la révolution cartésienne, Leibnitz domine et résume tout le passé dont il possédait une connaissance et une intelligence profonde. C'est selon nous l'incarnation la plus complète qui ait encore paru sur la terre du génie de la spéculation et du génie de l'histoire. C'est le vrai Aristote moderne. Comme l'ancien, il unit l'étendue et la force. S'il n'a pas fait l'histoire des animaux, il a découvert le calcul infinitésimal, il a commencé la géologie, il a renouvelé la jurisprudence. A défaut d'Alexandre, il a conseillé Louis XIV et Pierre-le-Grand. La Théodicée est le douzième livre de la Métaphysique et le septième livre de la République élevés à leur plus haute puissance sur la base du christianisme. Lui seul pouvait retrouver la science de l'histoire de la philosophie qui s'était perdue dans la nuit des siècles; il l'a recréée, et lui a donné d'abord une direction et une destinée immortelle. C'est son esprit toujours subsistant qui a produit la philosophie allemande, et il semble qu'à mesure qu'elle se développe et s'élève, elle ne fait guère que se rapprocher de lui. Prendre un tel guide est donc déjà un signe de force, et un pareil choix est plein d'avenir.

Si ce long rapport a souvent fatigué l'attention de l'Académie, il lui aura prouvé du moins avec quelle religion nous nous sommes acquittés de notre tâche, et quel scrupule nous avons apporté à l'examen et à l'appréciation des mémoires dont nous avions à lui rendre compte. Nous croyons avoir mis hors de doute que les mémoires inscrits sous les n°ˢ 5 et 9 sont supérieurs à tous les autres et qu'à eux appartiennent les honneurs de ce concours. Mais lequel des deux est préférable à l'autre, c'est ce qu'après le plus mûr examen nous osons à peine décider.

Les mérites de ces deux excellens mémoires sont différens et se balancent. Pour la première partie de votre programme sur l'authenticité, le plan et le contenu de la Métaphysique d'Aristote, le n° 5 est incontestablement au-dessus du n° 9 : il est et plus original et plus profond. Mais pour la seconde partie, à savoir l'histoire de l'influence de la Métaphysique, le n° 9 reprend l'avantage : il est plus riche et plus complet. Enfin, dans la troisième partie, la plus difficile de toutes, l'appréciation de la Métaphysique et son rapport à la philosophie de notre siècle, si les conclusions du n° 9 sont un peu plus vagues que celles du n° 5, elles ont le mérite de n'être pas l'application rigide et un peu étroite d'un système donné, avec ses formules et sa terminologie. Ce qu'il perd du côté de la précision, il le regagne en indépendance. Maintenant, si du fond on passe à la forme, la supériorité est au n° 9 ; mais peut-être un peu d'indulgence est-elle juste et de bon goût envers le n° 5, dont l'auteur est évidemment un étranger.

Après avoir long-temps hésité si elle ne partagerait pas le prix entre ces deux mémoires, votre section de philosophie me charge de vous proposer de décerner le prix dont vous disposez au n° 9; mais elle m'autorise en même temps à exprimer en son nom le vœu et l'espérance que M. le ministre de l'instruction publique, membre de cette Académie, veuille bien venir au secours de notre équité et de nos scrupules en faisant les fonds d'un second prix pour récompenser un ouvrage à tous égards aussi remarquable que le mémoire n° 5.

Mais les deux mémoires que nous couronnons ne doivent pas nous faire oublier le mémoire n° 1, qui se distingue par une analyse étendue et une appréciation judicieuse de la Métaphysique d'Aristote. Votre section de philosophie a pensé que ce mémoire méritait une mention honorable.

En terminant ce rapport, que ce soit pour nous un dédommagement du travail souvent ingrat que vous nous avez imposé, de nous répéter à nous-mêmes et de rappeler à l'Académie que ce concours a surpassé toutes nos espérances. Grâce aux travaux que vous avez suscités, le monument le plus obscur et le plus important peut-être qui nous soit resté de l'antiquité philosophique, est aujourd'hui étudié, éclairci, approfondi. Les trois mémoires que vous honorez de vos suffrages, dès qu'ils seront publiés, répandront la connaissance de ce grand monument. Votre concours fera époque, Messieurs, et son souvenir est désormais attaché à l'histoire de la Métaphysique d'Aristote. Permettez-nous de féliciter de ce résultat la philosophie et l'Académie.

Au nom de la section de philosophie,
Le rapporteur,

V. COUSIN.

Les conclusions de la section de philosophie ayant été adoptées par l'Académie, on a procédé à l'ouverture des billets cachetés qui contenaient les noms des auteurs des Mémoires 9, 5 et 1.

L'auteur du n° 9 est M. Ravaisson, jeune homme qui a déjà remporté, il y a deux ans, le prix d'honneur de philosophie au concours général des colléges de Paris, et qui est inscrit comme candidat au concours d'agrégation de philosophie pour cette année.

L'auteur du n° 5 est M. Michelet, docteur en philosophie, professeur extraordinaire dans la faculté philosophique à l'Université de Berlin, déjà connu par plusieurs ouvrages estimés, entre autres une édition en deux volumes de la Morale d'Aristote (*Aristotelis Ethicorum Nicomacheorum libri decem*, Berolini, 1829-1835), et un traité sur la Morale d'Aristote (*Die Ethik des Aristoteles*, Berlin, 1827).

L'auteur du n° 1 est M. Tissot, agrégé de philosophie de l'année 1831, professeur de philosophie au collége de Dijon, et qui est sur le point de publier une traduction de l'histoire de la philosophie ancienne de Ritter.

M. le Ministre de l'instruction publique, membre de l'Académie, ayant eu connaissance du vœu de la section de philosophie, a bien voulu autoriser le rapporteur à déclarer en son nom à l'Académie qu'il ferait volontiers les fonds d'un nouveau prix pour le mémoire n° 5.

TRADUCTION

DU PREMIER LIVRE

DE LA MÉTAPHYSIQUE D'ARISTOTE.

CHAPITRE PREMIER.

Tous les hommes ont un désir naturel de savoir, comme le témoigne l'ardeur avec laquelle on recherche les connaissances qui s'acquièrent par les sens. On les recherche en effet pour elles-mêmes et indépendamment de leur utilité, surtout celles que nous devons à la vue; car ce n'est pas seulement dans un but pratique, c'est sans vouloir en faire aucun usage, que nous préférons en quelque manière cette sensation à toutes les les autres ; cela vient de ce qu'elle nous fait connaître plus d'objets, et nous découvre plus de différences (1). La nature a donné aux animaux la

---

(1) Aristote, *de Sensu et Sensili*, cap. 1, Bekk. I, p. 437.

faculté de sentir : mais chez les uns, la sensation ne produit pas la mémoire, chez les autres, elle la produit; et c'est pour cela que ces derniers sont plus intelligens et plus capables d'apprendre que ceux qui n'ont pas la faculté de se ressouvenir. L'intelligence toute seule, sans la faculté d'apprendre, est le partage de ceux qui ne peuvent entendre les sons, comme les abeilles (1) et les autres animaux de cette espèce; la capacité d'apprendre est propre à tous ceux qui réunissent à la mémoire le sens de l'ouïe. Il y a des espèces qui sont réduites à l'imagination (2) et à la mémoire, et qui sont peu capables d'expérience : mais la race humaine s'élève jusqu'à l'art et jusqu'au raisonnement. C'est la mémoire qui dans l'homme produit l'expérience; car plusieurs ressouvenirs d'une même chose constituent une expérience; aussi l'expérience paraît-elle presque semblable à la science et à l'art; et c'est de l'expérience que l'art et la science viennent aux hommes; car, comme le dit Polus (3), et avec raison, c'est l'expérience qui fait l'art, et l'inexpérience le hasard. L'art commence, lorsque, de plusieurs données empruntées à l'expérience, se forme une seule no-

---

(1) *Histor. animal.*, IX, 40, Bekk. I, 627.

(2) *De Anima*, II, 3, Bekk. I. 414.

(3) Dans le *Gorgias* de Platon, Ed. Bekk., Part. II, vol. I. p. 6; trad. franç., t. III. p. 186.

tion générale, qui s'applique à tous les cas analogues. Savoir que Callias étant attaqué de telle maladie, tel remède lui a réussi, ainsi qu'à Socrate, et de même à plusieurs autres pris individuellement, c'est de l'expérience; mais savoir d'une manière générale que tous les individus compris dans une même classe, et atteints de telle maladie, de la pituite, par exemple, ou de la bile ou de la fièvre, ont été guéris par le même remède, c'est de l'art. Pour la pratique, l'expérience ne diffère pas de l'art, et même les hommes d'expérience atteignent mieux leur but que ceux qui n'ont que la théorie sans l'expérience; la raison en est que l'expérience est la connaissance du particulier, l'art celle du général, et que tout acte, tout fait tombe sur le particulier; car ce n'est pas l'homme en général que guérit le médecin, mais l'homme particulier, mais Callias ou Socrate, ou tout autre individu semblable, qui se trouve être un homme; si donc quelqu'un possède la théorie sans l'expérience, et connaît le général sans connaître le particulier dont il se compose, celui-là se trompera souvent sur le remède à employer; car ce qu'il s'agit de guérir, c'est l'individu. Cependant on croit que le savoir appartient plus à l'art qu'à l'expérience, et on tient pour plus sages les hommes d'art que les hommes d'expérience; car la sagesse est toujours en raison du savoir. Et il en est ainsi parce que les premiers connaissent la cause, tandis que les seconds ne la connaissent pas; les hommes d'expérience en effet, savent bien qu'une chose est, mais le pourquoi, ils l'ignorent; les autres, au contraire, savent le pourquoi et la cause. Aussi on regarde en toute circonstance les architectes comme supérieurs en considération, en savoir et en sagesse aux simples manœuvres, parce qu'ils savent la raison de ce qui se fait, tandis qu'il en est de ces derniers comme de ces espèces inanimées qui agissent sans savoir ce qu'elles font, par exemple, le feu qui brûle sans savoir qu'il brûle. Les êtres insensibles suivent l'impulsion de leur nature; les manœuvres suivent l'habitude; aussi n'est-ce pas par rapport à la pratique qu'on préfère les architectes aux manœuvres, mais par rapport à la théorie, et parce qu'ils ont la connaissance des causes. Enfin, ce qui distingue le savant, c'est qu'il peut enseigner; et c'est pourquoi on pense qu'il y a plus de savoir dans l'art que dans l'expérience; car l'homme d'art peut enseigner, l'homme d'expérience ne le peut pas. En outre, on n'attribue la sagesse à aucune des connaissances qui viennent par les sens, quoiqu'ils soient le vrai moyen de connaître les choses particulières; mais ils ne nous disent le pourquoi de rien; par exemple, ils ne nous apprennent pas pourquoi le feu est chaud, mais seulement qu'il est chaud. D'après cela, il était naturel que le premier qui trouva, au-dessus des connaissances sensibles, communes à tous, un art quelconque, celui-là fut admiré des hommes, non seulement à cause de l'utilité de ses découvertes, mais aussi comme un sage supérieur au reste des hommes. Les arts s'étant multipliés, et les uns se rapportant aux nécessités, les autres aux agrémens de la vie, les inventeurs de ceux-ci ont toujours été estimés plus sages que les inventeurs de ceux-là, parce que leurs découvertes ne se rapportaient pas à des besoins. Ces deux sortes d'arts une fois trouvés, on en découvrit d'autres qui n'avaient plus pour objet ni le plaisir ni la nécessité, et ce fut d'abord dans les pays où les hommes avaient du loisir. Ainsi, c'est en Egypte que les mathématiques se sont formées ; là, en effet, beaucoup de loisir était laissé à la caste des prêtres. Du reste, nous avons dit dans la Morale (1) en quoi diffèrent l'art et la science et les autres degrés de connaissance; ce que nous voulons établir ici, c'est que tout le monde entend par la sagesse à proprement parler la connaissance des premières causes et des principes; de telle sorte que, comme nous l'avons déjà dit, sous le rapport de la sagesse, l'expérience est supérieure à la sensation, l'art à l'expérience, l'ar-

---

(1) *Ethic. Nicom.*, VI, 3, Bekk, II, 1139.

chitecte au manœuvre et la théorie à la pratique. Il est clair d'après cela que la sagesse par excellence, la philosophie (1) est la science de certains principes et de certaines causes.

CHAPITRE II.

Puisque telle est la science que nous cherchons, il nous faut examiner de quelles causes et de quels principes s'occupe cette science qui est la philosophie. C'est ce que nous pourrons éclaircir par les diverses manières dont on conçoit généralement le philosophe. On entend d'abord par ce mot l'homme qui sait tout, autant que cela est possible, sans savoir les détails. En second lieu, on appelle philosophe celui qui peut connaître les choses difficiles et peu accessibles à la connaissance humaine ; or les connaissances sensibles étant communes à tous et par conséquent faciles, n'ont rien de philosophique. Ensuite on croit que plus un homme est exact et capable

(1) σοφία. Ce mot correspond à celui de σοφός employé plusieurs fois précédemment et toujours traduit par *sage*. Mais si on traduit ici σοφία par *sagesse*, on risque de s'écarter du vrai sens d'Aristote qui, de degré en degré passe du sens populaire de σοφία à son sens élevé qui est la sagesse véritable, *la philosophie*. Voyez *Rapport*, p. 43 et 62-63.

d'enseigner les causes, plus il est philosophe en toute science. En outre, la science qu'on étudie pour elle-même et dans le seul but de savoir, paraît plutôt la philosophie que celle qu'on apprend en vue de ses résultats. Enfin, de deux sciences, celle qui domine l'autre, est plutôt la philosophie que celle qui lui est subordonnée; car le philosophe ne doit pas recevoir des lois, mais en donner; et il ne doit pas obéir à un autre, mais c'est au moins sage à lui obéir.

Telle est la nature et le nombre des idées que nous nous formons de la philosophie et du philosophe. De tous ces caractères de la philosophie, celui qui consiste à savoir toutes choses, appartient surtout à l'homme qui possède le mieux la connaissance du général; car celui-là sait ce qui en est de tous les sujets particuliers. Et puis les connaissances les plus générales sont peut-être les plus difficiles à acquérir; car elles sont les plus éloignées des sensations. Ensuite, les sciences les plus exactes sont celles qui s'occupent le plus des principes; en effet celles dont l'objet est plus simple sont plus exactes que celles dont l'objet est plus composé; l'arithmétique, par exemple, l'est plus que la géométrie. Ajoutez que la science qui peut le mieux enseigner, est celle qui étudie les causes; car enseigner, c'est dire les causes de chaque chose.

De plus, savoir uniquement pour savoir, appartient surtout à la science de ce qu'il y a de plus scientifique; car celui qui veut apprendre dans le seul but d'apprendre, choisira sur toute autre la science par excellence, c'est-à-dire la science de ce qu'il y a de plus scientifique; et ce qu'il y a de plus scientifique, ce sont les principes et les causes; car c'est à l'aide des principes et par eux que nous connaissons les autres choses, et non pas les principes par les sujets particuliers. Enfin, la science souveraine, faite pour dominer toutes les autres, est celle qui connaît pourquoi il faut faire chaque chose; or, ce pourquoi est le bien dans chaque chose, et, en général, c'est le bien absolu dans toute la nature (1).

De tout ce que nous venons de dire, il résulte que le mot de philosophie dont nous avons recherché les diverses significations, se rapporte à une seule et même science. Une telle science s'élève aux principes et aux causes; or, le bien, la raison des choses, est au nombre des causes. Et qu'elle n'a pas un but pratique, c'est ce qui est évident par l'exemple des premiers qui se sont occupés de philosophie. Ce fut en effet l'étonnement d'abord comme aujourd'hui, qui fit naître parmi les hommes les recherches philosophiques. Entre les phénomènes qui les

(1) Conception de l'ordre universel. Voyez l. XII.

frappaient, leur curiosité se porta d'abord sur ce qui était le plus à leur portée ; puis, s'avançant ainsi peu à peu, ils en vinrent à se demander compte de plus grands phénomènes, comme des divers états de la lune, du soleil, des astres, et enfin de l'origine de l'univers. Or, douter et s'étonner, c'est reconnaître son ignorance. Voilà pourquoi on peut dire en quelque manière que l'ami de la philosophie est aussi celui des mythes (1); car la matière du mythe, c'est l'étonnant, le merveilleux. Si donc on a philosophé pour échapper à l'ignorance, il est clair qu'on a poursuivi la science pour savoir et sans aucun but d'utilité. Le fait en fait foi : car tout ce qui regarde les besoins, le bien-être et la commodité de la vie était déjà trouvé, lorsqu'on entreprit un tel ordre de recherches. Il est donc évident que nous ne cherchons la philosophie dans aucun intérêt étranger ; et comme nous appelons homme libre celui qui s'appartient à lui-même et qui n'appartient pas à un autre, de même la philosophie est de toutes

---

(1) Le mythe est en effet l'explication primitive et imparfaite que l'esprit se forme des phénomènes qui l'étonnent et qui provoquent sa curiosité et ses recherches. Ainsi l'*Iris Thaumantias* est déjà une explication de l'arc-en-ciel. Plus tard, sur cette solution imparfaite, le philosophe fonde une solution scientifique au-delà de laquelle il n'y a plus rien à chercher. Aristote, Ed. Brand. l. III, p. 53 ; l. XII, p. 254. Rapprochez de ces passages ceux du *Cours de philosophie* de 1828, 1re leçon, p. 22, et 5e leç. p. 19.

les sciences la seule libre; car seule elle est à elle-même son propre but. Aussi, ne serait-ce pas sans quelque raison qu'on regarderait comme plus qu'humaine la possession de cette science; car la nature de l'homme est esclave à beaucoup d'égards; la divinité seule, pour parler comme Simonide (1), aurait ce privilége, et il ne convient pas à l'homme de ne pas se borner à la science qui est à son usage. Si donc les poètes disent vrai, et si la nature divine doit être envieuse, c'est surtout au sujet de cette prétention, et tous les téméraires qui la partagent, en portent la peine. Mais la divinité ne peut connaître l'envie; les poètes, comme dit le proverbe, sont souvent menteurs, et il n'y a pas de science à laquelle il faille attacher plus de prix. Car la plus divine est celle qu'on doit priser le plus; or, celle-ci porte seule ce caractère à un double titre. En effet, une science qui appartiendrait à Dieu, et qui s'occuperait de choses divines, serait sans contredit une science divine : et seule, celle dont nous parlons satisfait à ces deux conditions. D'une part, Dieu est reconnu de tout le monde comme le principe même des causes; et de l'autre, la science des causes lui appartient exclusivement

---

(1) Allusion à la phrase de Simonide que Platon cite plus directement dans le *Protagoras*, Ed. Bekk. p. 215, trad. F. t. III, p. 86. Voyez Gaisford, *Poetæ Græci min.*, t. I, p. 397-398.

ou dans un degré supérieur. Ainsi toutes les sciences sont plus nécessaires que la philosophie, mais nulle n'est plus excellente. Et rien ne diffère plus que la possession de cette science et son début. On commence, ainsi que nous l'avons dit, par s'étonner que les choses soient de telle façon; et comme on s'émerveille en présence des automates, quand on n'en connaît pas les ressorts, de même nous nous étonnons des révolutions du soleil et de l'incommensurabilité du diamètre; car il semble étonnant à tout le monde qu'une quantité ne puisse être mesurée par une quantité si petite qu'elle soit. C'est, comme dit le proverbe, par le contraire et par le meilleur qu'il faut finir, comme il arrive dans le cas que nous venons de citer, lorsqu'enfin on est parvenu à s'en rendre compte : car rien n'étonnerait plus un géomètre que si le diamètre devenait commensurable.

Nous venons de déterminer la nature de la science que nous cherchons, le but de cette science et de tout notre travail.

CHAPITRE III.

Il est évident qu'il faut acquérir la science des causes premières, puisque nous ne pensons savoir une chose que quand nous croyons en connaître la première cause. Or, on distingue quatre sortes de causes, la première est l'essence et la forme propre de chaque chose (1); car il faut pousser la recherche des causes aussi loin qu'il est possible, et c'est la raison dernière d'une chose qui en est le principe et la cause. La seconde cause est la matière et le sujet (2); la troisième le principe du mouvement (3); la quatrième, enfin, celle qui répond à la précédente, la raison et le bien des choses (4); car la fin de tout phénomène et de tout mouvement, c'est le bien. Ces points de vue ont été suffisamment expliqués dans les livres de physique (5); reprenons cependant les opinions des philosophes qui nous ont

---

(1) Τὸ τί ἦν εἶναι. Locution qui se retrouve fréquemment dans Aristote et particulièrement dans la *Métaphysique*, Ed. Br. l. I, p. 35, VII, p. 132, 133, 134, 136, 140, VIII, p. 168, pour exprimer le caractère propre et essentiel d'une chose, ce qui la fait être ce qu'elle est, ce qui fait qu'on peut la définir, qu'on la distingue de toute autre, qu'on lui donne un nom qui ne convient qu'à elle. Aristote l'emploie souvent pour εἶδος et μορφή. C'est la *quidditas* des scholastiques, la *causa formalis*.

(2) Τὴν ὕλην καὶ τὸ ὑποκείμενον. *Causa materialis*.

(3) Ἀρχὴ τῆς κινήσεως. *Causa efficiens*, la cause efficiente.

(4) Τὸ οὗ ἕνεκα καὶ τἀγαθόν. *Causa finalis*, la raison suffisante qui, dans Leibnitz, comme dans Aristote, est essentiellement bienfaisante.

(5) Les quatre principes énoncés ici se retrouvent en effet dans la *Physique*, dans un ordre et avec des termes un peu différens. *Physic. Ausc.* II, 3, Bekk. I, 194. *Ibid.* 7, Bekk. I, 198.

précédés dans l'étude des êtres et de la vérité. Il est évident qu'eux aussi reconnaissent certaines causes et certains principes : cette revue peut donc nous être utile pour la recherche qui nous occupe. Car il arrivera ou que nous rencontrerons un ordre de causes que nous avions omis, ou que nous prendrons plus de confiance dans la classification que nous venons d'exposer.

La plupart des premiers philosophes ont cherché dans la matière les principes de toutes choses. Car ce dont toute chose est, d'où provient toute génération et où aboutit toute destruction, l'essence restant la même et ne faisant que changer d'accidens, voilà ce qu'ils appellent l'élément et le principe des êtres ; et pour cette raison, ils pensent que rien ne naît et que rien ne périt, puisque cette nature première subsiste toujours. Nous ne disons pas d'une manière absolue que Socrate naît, lorsqu'il devient beau ou musicien, ni qu'il périt lorsqu'il perd ces manières d'être, attendu que le même Socrate, sujet de ces changemens, n'en demeure pas moins ; il en est de même pour toutes les autres choses ; car il doit y avoir une certaine nature, unique ou multiple, d'où viennent toutes choses, celle-là subsistant la même. Quant au nombre et à l'espèce de ces élémens, on ne s'accorde pas.

Thalès, le fondateur de cette manière de philosopher, prend l'eau pour principe, et voilà pourquoi il a prétendu que la terre reposait sur l'eau, amené probablement à cette opinion parce qu'il avait observé que l'humide est l'aliment de tous les êtres, et que la chaleur elle-même vient de l'humide et en vit (1); or, ce dont viennent les choses est leur principe. C'est de là qu'il tira sa doctrine, et aussi de ce que les germes de toutes choses sont de leur nature humides, et que l'eau est le principe des choses humides. Plusieurs pensent que dès la plus haute antiquité, bien avant notre époque, les premiers théologiens ont eu la même opinion sur la nature : car ils avaient fait l'Océan et Téthys auteurs de tous les phénomènes de ce monde, et ils montrent les Dieux jurant par l'eau que les poètes appellent le Styx. En effet, ce qu'il y a de plus ancien est ce qu'il y a de plus saint; et ce qu'il y a de plus saint, c'est le serment. Y a-t-il réellement un système physique dans cette vieille et antique opinion? c'est ce dont on pour-

---

(1) Rapport du système d'Aristote à celui de Thalès, de l'ὕδωρ à l'ὑγρόν, considéré comme le principe même du chaud, τὸ θερμὸν, et par conséquent comme principe unique. *Histor. Animal.* I, 4, Bekk. I, 489. *De partibus animal.* II, 3, Bekk. I, 649. *Meteorol.* IV, 4. *De longitudine et brevitate vitæ*, 5, Bekk. I, 240.

rait douter (1). Mais pour Thalès on dit que telle fut sa doctrine. Quant à Hippon, sa pensée n'est pas assez profonde pour qu'on puisse le placer parmi ces philosophes. Anaximène et Diogène (2) prétendaient que l'air est antérieur à l'eau, et qu'il est le principe des corps simples; ce principe est le feu, selon Hippase de Métaponte et Héraclite d'Éphèse. Empédocle reconnut quatre élémens, ajoutant la terre à ceux que nous avons nommés; selon lui, ces élémens subsistent toujours et ne deviennent pas, mais le seul changement qu'ils subissent est celui de l'augmentation ou de la diminution, lorsqu'ils s'agrègent ou se séparent. Anaxagoras de Clazomène, qui naquit avant ce dernier, mais qui écrivit après lui, suppose qu'il y a une infinité de principes : il prétend que toutes les choses formées de parties semblables comme le feu et l'eau, ne naissent et ne périssent qu'en ce sens que leurs parties se réunissent ou se séparent, mais que du reste rien ne naît ni ne périt,

(1) En effet les prêtres de l'Ionie n'avaient pas le système physique de Thalès, et pourtant la mythologie de ces prêtres qui faisaient de l'Océan et de Téthys les auteurs de toutes choses, est le fond primitif d'où plus tard est sorti le système de Thalès à l'insu de Thalès lui-même. La mythologie, non seulement précède, mais renferme déjà la philosophie à l'insu de l'une et de l'autre.

(2) Aristote oublie ici Anaximandre dont le système, le τὸ ἄπειρον, comme principe des choses, appartient à l'ὕλη. Il répare cet oubli, l. XII, p. 241. Voyez aussi *Physic. Ausc.* III, 4, Bekk. I, 203.

et que tout subsiste éternellement. De tout cela on pourrait conclure que jusqu'alors on n'avait considéré les choses que sous le point de vue de la matière.

Quand on en fut là, la chose elle-même força d'avancer encore, et imposa de nouvelles recherches. Si tout ce qui naît doit périr et vient d'un principe unique ou multiple, pourquoi en est-il ainsi et quelle en est la cause? car ce n'est pas le sujet qui peut se changer lui-même; l'airain, par exemple, et le bois ne se changent pas eux-mêmes, et ne se font pas l'un statue, l'autre lit, mais il y a quelque autre cause à ce changement. Or, chercher cette cause, c'est chercher un autre principe, le principe du mouvement, comme nous disions. Ceux des anciens qui dans l'origine touchèrent ce sujet, et qui avaient pour système l'unité de substance, ne se tourmentèrent pas de cette difficulté; mais quelques-uns de ces partisans de l'unité, inférieurs en quelque sorte à cette question, disent que l'unité et tout ce qui est réel n'admet pas de mouvement (1), ni pour la génération et la corruption, ni même pour tout autre changement. Aussi, de tous ceux qui partent de l'unité

---

(1) Les Eleates et entre autres Xenophane et Zenon. Voyez *Nouveaux fragmens philosophiques.* p. 9-150. Ici j'ai suivi Brandis qui omet τοῦτο μὲν γὰρ ἀρχαῖον τε καὶ πάντες ὡμολόγησαν, ainsi que καὶ τοῦτο αὐτῶν ἴδιόν ἐστι.

du tout, pas un ne s'est occupé de ce point de vue, si ce n'est peut-être Parménide, et encore ne le fait-il qu'autant qu'à côté de son système de l'unité, il admet en quelque sorte deux principes. Mais ceux qui admettent la pluralité des principes, le chaud et le froid, par exemple, ou le feu et la terre, étaient plus à même d'arriver à cet ordre des recherches ; car ils attribuaient au feu la puissance motrice, à l'eau, à la terre et aux autres élémens de cette sorte, la qualité contraire. Après ces philosophes et de pareils principes, comme ces principes étaient insuffisans pour produire les choses, la vérité elle même, comme nous l'avons déjà dit, força de recourir à un autre principe. En effet, il n'est guère vraisemblable que ni le feu, ni la terre, ni aucun autre élément de ce genre, soit la cause de l'ordre et de la beauté qui règnent dans le monde, éternellement chez certains êtres, passagèrement chez d'autres ; ni que ces philosophes aient eu une pareille pensée : d'un autre côté, rapporter un tel résultat au hasard ou à la fortune n'eût pas été raisonnable. Aussi quand un homme vint dire qu'il y avait dans la nature, comme dans les animaux, une intelligence qui est la cause de l'arrangement et de l'ordre de l'univers, cet homme parut seul avoir conservé sa raison au milieu des folies de ses devanciers. Or, nous savons avec certitude qu'Anaxagoras entra le premier dans ce point de vue; avant lui Hermotime de Clazomène paraît l'avoir soupçonné. Ces nouveaux philosophes érigèrent en même temps cette cause de l'ordre en principe des êtres, principe doué de la vertu d'imprimer le mouvement.

On pourrait dire qu'avant eux, Hésiode avait entrevu cette vérité, Hésiode ou quiconque a mis dans les êtres comme principe l'amour ou le désir, par exemple Parménide. Celui-ci dit en effet dans sa théorie de la formation de l'univers :

« Il fit l'amour le premier de tous les Dieux (1).

Hésiode dit de son côté :

« Avant toutes choses était le chaos ; ensuite,
« La terre au vaste sein. . . . .
« Puis l'amour, le plus beau de tous les immortels (2).

Comme s'ils avaient reconnu la nécessité d'une cause dans les êtres capable de donner le mouvement et le lien aux choses. Quant à la question de savoir à qui appartient la priorité, qu'il nous soit permis de la décider plus tard (3).

---

(1) *Parmenidis fragmenta*, Ed. Fulleborn, p. 86.
(2) *Theogon*, 116. Ed. Gaisford, I. 76-77.
(3) Ἐξέστω κρίνειν ὕστερον. Ce jugement qu'Aristote ajourne ici, ne se trouve nulle autre part dans ses ouvrages. Mais plusieurs de ses traités sur certains points de l'histoire de la philosophie ne sont pas venus jusqu'à nous. Voyez Diogène de Laerte et Ménage.

Ensuite, comme à côté du bien dans la nature, on voyait aussi son contraire, non-seulement de l'ordre et de la beauté, mais aussi du désordre et de la laideur, comme le mal paraissait même l'emporter sur le bien et le laid sur le beau, un autre philosophe introduisit l'amitié et la discorde, causes opposées de ces effets opposés. Car si l'on veut suivre de près Empédocle, et s'attacher au fond de sa pensée plutôt qu'à la manière presqu'enfantine dont il l'exprime, on trouvera que l'amitié est la cause du bien, et la discorde celle du mal ; de sorte que peut-être n'aurait-t-on pas tort de dire qu'Empédocle a parlé en quelque manière et a parlé le premier du bien et du mal comme principes, puisque le principe de tous les biens est le bien lui-même, et le mal le principe de tout ce qui est mauvais.

Jusqu'ici nous avons vu ces philosophes reconnaître deux des genres de causes déterminés par nous dans la Physique, la matière et le principe du mouvement ; mais ils l'ont fait confusément et indistinctement, comme agissent dans les combats les soldats mal exercés ; ceux-ci frappent souvent de bons coups dans la mêlée, mais ils le font sans science ; de même nos philosophes paraissent avoir parlé sans bien savoir ce qu'ils disaient, car l'usage qu'on les voit faire de leurs principes est nul ou peu s'en faut. Anaxagoras se sert de l'intelligence comme d'une machine pour faire le monde, et quand il désespère de trouver la cause réelle d'un phénomène, il produit l'intelligence sur la scène; mais dans tout autre cas, il aime mieux donner aux faits une autre cause. Empédocle se sert davantage, mais d'une manière insuffisante encore, de ses principes, et dans leur emploi il ne s'accorde pas avec lui-même. Souvent chez lui, l'amitié sépare, la discorde réunit : en effet, lorsque dans l'univers les élémens sont séparés par la discorde, toutes les particules de feu n'en sont pas moins unies en un tout, ainsi que celles de chacun des autres élémens; et lorsqu'au contraire c'est l'amitié qui unit tous les élémens, il faut bien pour cela que les particules de chaque élément se divisent. Empédocle fut donc le premier des anciens qui employa en le divisant le principe du mouvement, et ne supposa plus une cause unique, mais deux causes différentes et opposées. Quant à la matière, il est le premier qui ait parlé des quatre élémens; toutefois, il ne s'en sert pas comme s'ils étaient quatre, mais comme s'ils n'étaient que deux, à savoir, le feu tout seul, et en opposition au feu, la terre, l'air et l'eau, ne faisant qu'une seule et même nature. C'est là du moins ce que ses vers donnent à entendre. Voilà, selon nous, la nature et le nombre des principes d'Empédocle. Leucippe et son ami Démocrite disent que les élémens primitifs sont le plein et le vide, qu'ils appellent l'être et le non être; le plein ou le solide, c'est l'être; le vide ou le rare, c'est le non-être; c'est pourquoi ils disent que l'être n'existe pas plus que le non-être, parce que le corps n'existe pas plus que le vide: telles sont, sous le point de vue de la matière, les causes des êtres. Et de même que ceux qui posent comme principe une substance unique, expliquent tout le reste par les modifications de cette substance, en donnant pour principe à ces modifications le rare et le dense, de même aussi ces philosophes placent dans les différences les causes de toutes choses; ces différences sont au nombre de trois, la forme, l'ordre et la position: ils disent en effet que les différences de l'être viennent de la configuration, de l'arrangement et de la tournure (1); or, la configuration c'est la forme, l'arrangement c'est l'ordre, la tournure c'est la position. Ainsi, A diffère de N par la forme, AN de NA par l'ordre, et Z de N par la position. Quant au mouvement, à ses lois et à sa cause, ils ont traité cette question très négligemment, comme les autres philosophes. Nos devanciers donc n'ont pas été plus loin sur ces deux genres de causes.

(1) Ῥυσμός, διαθιγή, τροπή.

CHAPITRE IV.

Parmi eux et avant eux, ceux qu'on nomme Pythagoriciens, s'étant occupés des mathématiques, furent les premiers à les mettre en avant; et nourris dans cette étude, ils pensèrent que les principes de cette science étaient les principes de tous les êtres. Comme, de leur nature, les nombres sont les premiers des êtres, et comme ils leur paraissaient avoir plus d'analogie avec les choses et les phénomènes que le feu, l'air ou l'eau, que, par exemple, telle modification des nombres semblait être la justice, telle autre l'ame et l'intelligence, telle autre l'à-propos (1), et à peu près ainsi de toutes les autres choses; comme ils voyaient de plus dans les nombres les modifications et les rapports de l'harmonie; par ces motifs joints à ces deux premiers que la nature entière a été formée à la ressemblance des nombres, et que les nombres sont les premiers de tous les êtres, ils posèrent les élémens des nombres comme les élémens de tous les êtres, et le ciel tout entier comme une harmonie et un nombre. Tout ce qu'ils pouvaient montrer dans les nombres et dans la musique qui s'accordât avec les phéno-

(1) Καιρός, expression pythagoricienne qui désigne le principe qui fait tout à propos et comme il faut, la sagesse qui préside à toutes choses.

mènes du ciel, ses parties et toute son ordonnance, ils le recueillirent, et ils en composèrent un système; et si quelque chose manquait, ils y suppléaient pour que le système fût bien d'accord et complet. Par exemple, comme la décade paraît être quelque chose de parfait et qui embrasse tous les nombres possibles, ils prétendent qu'il y a dix corps en mouvement dans le ciel, et comme il n'y en a que neuf de visibles, il en supposent un dixième qu'ils appellent antichthone (1). Mais tout ceci a été déterminé ailleurs avec plus de soin (2). Si nous y revenons, c'est pour constater à leur égard comme pour les autres écoles, quels principes ils posent, et comment ces principes tombent sous notre classification. Or, ils paraissent penser que le nombre est principe des êtres sous le point de vue de la matière, en y comprenant les attributs et les manières d'être; que les élémens du nombre sont le pair et l'impair; que l'impair est fini, le pair infini; que l'unité tient de ces deux élémens, car elle est à la fois pair et impair (3), et que le nombre vient de l'unité; enfin que les nombres sont tout le ciel. D'autres pythagoriciens di-

---

(1) Cette supposition d'un dixième corps céleste est mieux expliquée dans le traité *de Cælo*.

(2) Probablement dans son traité spécial sur *les Pythagoriciens*, dont parle Diogène de Laerte.

(3) Nous ne voyons pas d'autre raison de cette idée attribuée par Aristote aux pythagoriciens que celle qu'en a donné Alexandre d'Aphro-

sent qu'il y a dix principes, dont voici la liste :

> Fini et infini,
> Impair et pair,
> Unité et pluralité,
> Droit et gauche,
> Mâle et femelle,
> Repos et mouvement,
> Droit et courbe,
> Lumière et ténèbres,
> Bien et mal,
> Carré et toute figure à côtés inégaux (1).

Alcmæon de Crotone paraît avoir professé une doctrine semblable : il la reçut des Pythagoriciens ou ceux-ci la reçurent de lui ; car l'époque où il florissait correspond à la vieillesse de Pythagore ; et son système se rapproche de celui de ces philosophes. Il dit que la plupart des choses humaines sont doubles, désignant par là leurs oppositions, mais, à la différence de ceux-ci, sans les déterminer, et prenant au hasard le blanc et le noir, le doux et l'amer, le bon et le mauvais, le petit et le grand. Il s'exprima ainsi d'une manière indéterminée sur tout le reste, tandis que les Pythagoriciens montrèrent quelles sont ces oppo-

---

disée, savoir : que l'unité est pair parce qu'en s'ajoutant à un nombre impair, elle le rend pair, et qu'elle est impair parce qu'en s'ajoutant à un nombre pair, elle le rend impair.

(1) Ἑτερόμηκες.

sitions et combien il y en a. On peut donc tirer de ces deux systèmes que les contraires sont les principes des choses, et de l'un deux quel est le nombre et la nature de ces principes. Maintenant comment est-il possible de les ramener à ceux que nous avons posés, c'est ce qu'eux-mêmes n'articulent pas clairement; mais ils semblent les considérer sous le point de vue de la matière; car ils disent que ces principes constituent le fonds dont se composent et sont formés les êtres. Nous en avons dit assez pour faire comprendre la pensée de ceux des anciens qui admettent la pluralité dans les élémens de la nature.

Il en est d'autres qui ont considéré le tout comme étant un être unique, mais ils diffèrent et par le mérite de l'explication et par la manière de concevoir la nature de cette unité. Il n'est nullement de notre sujet, dans cette recherche des principes, de nous occuper d'eux; car ils ne font pas comme quelques-uns des physiciens qui, ayant posé une substance unique, engendrent l'être de cette unité considérée sous le point de vue de la matière; ils procèdent autrement : les physiciens en effet ajoutent le mouvement pour engendrer l'univers; ceux-ci prétendent que l'univers est immobile; mais nous n'en dirons que ce qui se rapporte à notre sujet. L'unité de Parménide paraît avoir été une unité rationnelle, celle de Mélisse une unité matérielle, et c'est pourquoi l'un la donne comme finie, l'autre comme infinie. Xénophane (1) qui le premier parla d'unité (car Parménide passe pour son disciple), ne s'est pas expliqué d'une manière précise et paraît étranger au point de vue de l'un et l'autre de ses deux successeurs ; mais ayant considéré l'ensemble du monde, il dit que l'unité est Dieu. Encore une fois, il faut négliger ces philosophes dans la recherche qui nous occupe, et deux surtout, dont les idées sont un peu trop grossières, Xénophane et Mélisse. Parménide paraît avoir eu des vues plus profondes : persuadé que, hors de l'être, le non-être n'est rien, il pense que l'être est nécessairement un, et qu'il n'y a rien autre chose que lui ; c'est un point sur lequel nous nous sommes expliqués plus clairement dans la Physique ; mais forcé de se mettre d'accord avec les faits, et, en admettant l'unité par la raison, d'admettre aussi la pluralité par les sens, Parménide en revint à poser deux principes et deux causes, le chaud et le froid, par exemple le feu et la terre ; il rapporte l'un de ces deux principes, le chaud à l'être, et l'autre au non-être.

Voici le résultat de ce que nous avons dit, et

---

(1) Voyez notre dissertation sur Xénophane, *Nouv. fragm. philosoph.*

de tous les systèmes que nous avons parcourus jusqu'ici : chez les premiers de ces philosophes, un principe corporel ; car l'eau, le feu et les autres choses de cette nature sont des corps, principe unique selon les uns, multiple selon les autres, mais toujours considéré sous le point de vue de la matière ; chez quelques-uns, d'abord ce principe, et à côté de ce principe, celui du mouvement, unique dans certains systèmes, double dans d'autres. Ainsi, jusqu'à l'école italique exclusivement, les anciens philosophes ont parlé de toutes ces choses d'une manière vague, et n'ont mis en usage, ainsi que nous l'avons dit, que deux sortes de principes, dont l'un, celui du mouvement, est regardé tantôt comme unique et tantôt comme double. Quant aux Pythagoriciens, comme les précédens, ils ont posé deux principes ; mais ils ont en outre introduit cette doctrine qui leur est propre, savoir : que le fini, l'infini et l'unité, ne sont pas des qualités distinctes des sujets où ils se trouvent, comme le feu, la terre et tout autre principe semblable sont distincts de leurs qualités, mais qu'ils constituent l'essence même des choses auxquelles on les attribue ; de sorte que le nombre est l'essence de toutes choses (1). Ils se

---

(1) Selon les Pythagoriciens le fini, l'infini et l'unité n'ont pas une existence différente des sujets où ils se trouvent, tandis que les Ioniens,

sont expliqués sur ces points de la manière que nous venons de dire, et de plus, ils ont commencé à s'occuper de l'essence des choses et ont essayé de définir; mais leur essai fut un peu trop grossier. Ils définissaient superficiellement, et le premier objet auquel avait l'air de convenir la définition donnée, ils le considéraient comme l'essence de la chose définie; comme si l'on pensait, par exemple, que le double est la même chose que le nombre deux, parce que c'est dans le nombre deux que se rencontre en premier lieu le caractère du double; mais deux ou double ne sont pourtant pas la même chose, ou si non, l'unité sera multiple, ce qui arrive dans le système Pythagoricien. Voilà ce qu'on peut tirer des premiers philosophes et de leurs successeurs.

---

lors même qu'ils admettent que la terre et le feu sont infinis, distinguent le sujet même, le principe matériel, feu, air ou terre, et la qualité qu'ils y admettent, à savoir, l'infinité ou l'immensité. Dans le le système des pythagoriciens, il n'y a pas deux choses : le sujet et son attribut; pour eux l'attribut des Ioniens est le sujet lui-même : οὐχ ἕτερον, οὐχ ἑτέρας τινὰς φύσεις τῶν κατηγορουμένων; ailleurs, l. XII, Aristote emploie μὴ χωριστὸν au lieu de οὐχ ἕτερον, édit. Br. p. 279. Ainsi les choses ont fait place aux conceptions mathématiques, et les termes s'évanouissent dans leurs rapports. Cours de philosophie de 1829, t. I. p. 250.

CHAPITRE V.

Après ces différentes philosophies, parut la philosophie de Platon, qui suivit en beaucoup de points ses devanciers, mais qui eut aussi ses points de doctrine particuliers, et alla plus loin que l'école italique. Dès sa jeunesse, Platon se familiarisa dans le commerce de Cratyle avec les opinions d'Héraclite, que toutes les choses sensibles sont dans un perpétuel écoulement, et qu'il n'y a pas de science de ces choses; et dans la suite, il garda ces opinions. D'une autre part, Socrate s'étant occupé de morale, et non plus d'un système de physique, et ayant d'ailleurs cherché dans la morale ce qu'il y a d'universel, et porté le premier son attention sur les définitions, Platon qui le suivit et le continua fut amené à penser que les définitions devaient porter sur un ordre d'êtres à part et nullement sur les objets sensibles; car comment une définition commune s'appliquerait-elle aux choses sensibles, livrées à un perpétuel changement? Or, ces autres êtres, il les appela *Idées*, et dit que les choses sensibles existent en dehors des idées et sont nommées d'après elles; car il pensait que toutes les choses d'une même classe tiennent leur nom commun des idées, en vertu de leur participation avec elles (1). Du reste, le mot de participation est le seul changement qu'il apporta ; les Pythagoriciens en effet disent que les êtres sont à l'imitation des nombres, Platon en participation avec les idées. Comment se fait maintenant cette participation ou cette imitation des idées ? c'est ce que celui-ci et ceux-là ont également négligé de rechercher. De plus, outre les choses sensibles et les idées, il reconnaît des êtres intermédiaires qui sont les choses mathématiques, différentes des choses sensibles en ce qu'elles sont éternelles et immuables, et des idées en ce qu'elles admettent un grand nombre de semblables, tandis que toute idée en elle-même a son existence à part (2). Voyant dans les idées les raisons des choses, il pensa que leurs élémens étaient les élémens de tous les êtres. Les principes dans ce sys-

---

(1) Ainsi trois hommes, trois triangles appartenant à la même classe ont la même nature, συνώνυμα, et le même nom, ὁμώνυμα ; et cette identité de nom leur vient de leur participation commune à l'idée d'homme ou de triangle, ὁμώνυμα τοῖς εἴδεσιν. Bekker et Brandis avec deux MSS. seulement, retranchent ὠμώνυμα donné par tous les autres MSS. Je me décide contre ce retranchement par les raisons suivantes : 1° συνωνύμων appelle naturellement ὁμώνυμα ; 2° on ne voit plus ce qui régirait τοῖς εἴδεσι ; 3° cette leçon est celle d'Alexandre d'Aphrodisée. Nous nous référons à M. Trendelenburg dans son excellent écrit, *Platonis de numeris et ideis doctrina ex Aristotele illustrata*, Lips. 1826.

(2) Ainsi il y a bien des *cercles* et bien des *triangles* ; mais il n'y a qu'une seule idée de *cercle* et de *triangle*.

tème sont donc, sous le point de vue de la matière, le grand et le petit, et sous celui de l'essence, l'unité; et en tant que formées de ces principes et participant de l'unité, les idées sont les nombres. Ainsi, en avançant que l'unité est l'essence des êtres et que rien autre chose que cette essence n'a le titre d'unité, Platon se rapprocha des pythagoriciens, et il dit comme eux que les nombres sont les causes des choses et de leur essence; mais faire une dualité de cet infini qu'ils regardaient comme un, et composer l'infini du grand et du petit, voilà ce qui lui est propre; avec cette prétention que les nombres existent en dehors des choses sensibles, tandis que les pythagoriciens disent que les nombres sont les choses mêmes, et ne donnent pas aux choses mathématiques un rang intermédiaire. Cette existence que Platon attribue à l'unité et au nombre en dehors des choses, à la différence des pythagoriciens, ainsi que l'introduction des idées, est due à ses recherches logiques (car les premiers philosophes étaient étrangers à la dialectique); et il fut conduit à faire une dyade de cette autre nature différente de l'unité, parce que les nombres, à l'exception des nombres primordiaux (1), s'engendrent

---

(1) Alexandre d'Aphrodisée entend par nombres primordiaux (πρῶτοι) les nombres impairs. M. Trendelenburg, dans la dissertation déjà citée,

aisément de cette dyade, comme d'une sorte de matière. Cependant, les choses se passent autrement, et cela est contraire à la raison. Dans ce système, on fait avec la matière un grand nombre d'êtres, et l'idée n'engendre qu'une seule fois ; mais au vrai, d'une seule matière on ne fait qu'une seule table, tandis que celui qui apporte l'idée, tout en étant un lui-même, en fait un grand nombre. Il en est de même du mâle à l'égard de la femelle; la femelle est fécondée par un seul accouplement, tandis que le mâle en féconde plusieurs : or, cela est l'image de ce qui a lieu pour les principes dont nous parlons. C'est ainsi que Platon s'est prononcé sur ce qui fait l'objet de nos recherches : il est clair, d'après ce que nous avons dit, qu'il ne met en usage que deux principes, celui de l'essence et celui de la matière; car les idées sont pour les choses les causes de leur essence, comme l'unité l'est pour les idées. Et quelle est la matière ou le sujet auquel s'appliquent les idées dans les

---

entend les nombres idéaux (εἰδητικοί); et il apporte plusieurs exemples de ce sens de πρῶτος. Brandis propose de concilier ainsi ces deux explications. Les nombres dont il s'agit sont bien les nombres idéaux, mais les nombres idéaux impairs. En effet dans le système qu'Aristote attribue ici à Platon, les nombres idéaux pairs sont le produit de la dyade indéfinie, comme les nombres mathématiques pairs sont le produit de la dyade déterminée ou du nombre limité. Brandis, *Rhein. Mus.* T. II. p. 574.

choses sensibles et l'unité dans les idées (1)? c'est cette dyade, composée du grand et du petit : de plus il attribua à l'un de ces deux élémens la cause du bien, à l'autre la cause du mal, de la même manière que l'ont fait dans leurs recherches quelques-uns des philosophes précédens, comme Empédocle et Anaxagoras.

CHAPITRE VI.

Nous venons de voir, brièvement et sommairement, il est vrai, quels sont ceux qui se sont occupés des principes et de la vérité, et comment ils l'ont fait : cette revue rapide n'a pas laissé de nous faire reconnaître, que de tous les philosophes qui ont traité de principe et de cause, pas un n'est sorti de la classification que nous avons établie dans la Physique, et que tous plus ou moins nettement l'ont entrevue. Les uns considèrent le principe sous le point de vue de la matière, soit qu'ils lui attribuent l'unité ou la pluralité, soit qu'ils le supposent corporel ou incorporel;

---

(1) Je lis avec Alexandre d'Aphrodisée, avec Bekker et Trendelenburg et Brandis lui-même (*de perditis Aristotelis libris*) τὸ δὲ ἓν ἐν τοῖς εἴδεσι, et non pas τὰ δὲ ἐπὶ τοῖς εἴδ. que Brandis donne dans son édition.

tels sont le grand et le petit de Platon, l'infini de l'école italique; le feu, la terre, l'eau et l'air d'Empédocle; l'infinité des homœoméries d'Anaxagoras. Tous ont évidemment touché cet ordre de causes, et de même ceux qui ont choisi l'air, le feu ou l'eau, ou un élément plus dense que le feu et plus délié que l'air; car telle est la nature que quelques-uns ont donnée à l'élément premier. Ceux-là donc n'ont atteint que le principe de la matière, quelques autres le principe du mouvement, comme ceux par exemple qui font un principe de l'amitié ou de la discorde, de l'intelligence ou de l'amour. Quant à la forme et à l'essence, nul n'en a traité clairement, mais ceux qui l'ont fait le mieux sont les partisans des idées. En effet, ils ne regardent pas les idées et les principes des idées, comme la matière des choses sensibles, ni comme le principe d'où leur vient le mouvement (car ce seraient plutôt, selon eux, des causes d'immobilité et de repos); mais c'est l'essence que les idées fournissent à chaque chose, comme l'unité la fournit aux idées. Quant à la fin en vue de laquelle se font les actes, les changemens et les mouvemens, ils mentionnent bien en quelque manière ce principe, mais ils ne le font pas dans cet esprit, ni dans le vrai sens de la chose; car ceux qui mettent en avant l'intelligence et l'amitié, posent bien ces principes comme quelque chose de bon, mais non comme un but en vue duquel tout être est ou devient ; ce sont plutôt des causes d'où leur vient le mouvement. Il en est de même de ceux qui prétendent que l'unité ou l'être est cette même nature (1) ; ils disent qu'elle est la cause de l'essence, mais ils ne disent pas qu'elle est la fin pour laquelle les choses sont et deviennent. De sorte qu'il leur arrive en quelque façon de parler à la fois et de ne pas parler du principe du bien ; car ils n'en parlent pas d'une manière spéciale, mais seulement par accident. Ainsi, que le nombre et la nature des causes ait été déterminé par nous avec exactitude, c'est ce que semblent témoigner tous ces philosophes dans l'impossibilité où ils sont d'indiquer aucun autre principe. Outre cela, il est clair qu'il faut, dans la recherche des principes, ou les considérer tous comme nous l'avons fait, ou adopter les vues de quelques-uns de ces philosophes. Exposons d'abord les difficultés que soulèvent les doctrines de nos devanciers et la question de la nature même des principes (2).

(1) Le Bien.
(2) Cette phrase ainsi entendue prolonge évidemment l'introduction de la Métaphysique au-delà du premier livre.

CHAPITRE VII.

Tous ceux qui ont prétendu que l'univers est un, et qui, dominés par le point de vue de la matière, ont voulu qu'il y ait une seule et même nature, et une nature corporelle et étendue, ceux-là sans contredit se trompent de plusieurs manières; car ainsi, ils posent seulement les élémens des corps et non ceux des choses incorporelles, quoiqu'il existe de telles choses. Puis, quoiqu'ils entreprennent de dire les causes de la génération et de la corruption, et d'expliquer la formation des choses, ils suppriment le principe du mouvement. Ajoutez qu'ils ne font pas un principe de l'essence et de la forme; et aussi, qu'ils donnent sans difficulté aux corps simples, à l'exception de la terre, un principe quelconque, sans avoir examiné comment ces corps peuvent naître les uns des autres; je parle du feu, de la terre, de l'eau et de l'air, lesquels naissent en effet les uns des autres, soit par réunion, soit par séparation. Or, cette distinction importe beaucoup pour la question de l'antériorité et de la postériorité des élémens. D'un côté, le plus élémentaire de tous semblerait être celui d'où naissent primitivement tous les autres par voie de réunion; et ce caractère appartiendrait à celui des corps dont les parties seraient les plus petites et les plus déliées. C'est pourquoi tous ceux qui posent comme principe le feu, se prononceraient de la manière la plus conforme à cette vue. Tel est aussi le caractère que tous les autres s'accordent à assigner à l'élément des corps. Aussi, nul philosophe d'une époque plus récente, qui admet un seul élément, n'a-t-il jugé convenable de choisir la terre, sans doute à cause de la grandeur de ses parties, tandis que chacun des trois autres élémens a eu son partisan: les uns se déclarent pour le feu, les autres pour l'eau, les autres pour l'air; et pourtant pourquoi n'admettent-ils pas aussi bien la terre, comme font la plupart des hommes qui disent que tout est terre? Hésiode lui-même dit que la terre est le premier des corps; tellement ancienne et populaire se trouve être cette opinion. Dans ce point de vue, ni ceux qui adoptent à l'exclusion du feu un des élémens déjà nommés, ni ceux qui prennent un élément plus dense que l'air et plus délié que l'eau, n'auraient raison; mais si ce qui est postérieur dans l'ordre de formation est antérieur dans l'ordre de la nature, et que, dans l'ordre de formation, le composé soit postérieur, l'eau sera tout au contraire antérieure à l'air et la terre à l'eau. Nous nous bornerons à cette observation sur ceux qui admettent un principe unique tel que nous l'avons énoncé. Il y en aurait autant à dire de ceux qui admettent plusieurs principes pareils, comme Empédocle qui dit qu'il y a quatre corps, matière des choses; car sa doctrine donne lieu d'abord aux mêmes critiques, puis à quelques observations particulières. Nous voyons en effet ces élémens naître les uns des autres, de sorte que le feu et la terre ne demeurent jamais le même corps : nous nous sommes expliqué à ce sujet dans la Physique. Quant à la cause qui fait mouvoir les choses, et à la question de savoir si elle est une ou double, on doit penser qu'Empédocle ne s'est prononcé ni tout-à-fait convenablement, ni d'une manière tout-à-fait déraisonnable. En somme, quand on admet son système, on est forcé de rejeter tout changement, car le froid ne viendra pas du chaud ni le chaud du froid; car quel serait le sujet qui éprouverait ces modifications contraires, et quelle serait la nature unique qui deviendrait feu et eau? c'est ce qu'il ne dit pas. Pour Anaxagoras, si on pense qu'il reconnaît deux élémens, on le pense d'après des raisons qu'il n'a pas lui-même clairement articulées, mais auxquelles il aurait été obligé de se rendre, si on les lui eût présentées. En effet, s'il est absurde de dire qu'à l'origine tout était mêlé, pour plusieurs motifs, et entre autres parce qu'il faut que les élémens du mélange aient existé d'abord séparés, et parce qu'il n'est pas dans la nature des choses qu'un élément, quel qu'il soit, se mêle avec tout autre, quel qu'il soit; de plus, parce que les qualités et les attributs seraient séparés de leur substance; car ce qui peut être mêlé peut être séparé; cependant quand on vient à approfondir et à développer ce qu'il veut dire, on lui trouvera peut-être un sens peu commun; car lorsque rien n'était séparé, il est clair qu'on ne pouvait rien affirmer de vrai de cette substance mixte, et par exemple, qu'elle n'était ni blanche ni noire, ni d'aucune autre couleur; mais elle était de nécessité sans couleur; autrement, elle aurait eu quelqu'une des couleurs que nous pouvons citer; elle était de même sans saveur, et pour la même raison elle ne possédait aucun attribut de ce genre; car elle ne pouvait avoir ni qualité ni quantité ni détermination quelconque; autrement quelqu'une des formes spéciales s'y serait rencontrée, et cela est impossible lorsque tout est mêlé; car, pour cela, il y aurait déjà séparation, et Anaxagoras dit que tout est mêlé, excepté l'intelligence, qui seule est pure et sans mélange. Il faut donc qu'il reconnaisse pour principes l'unité d'abord; car c'est bien là ce qui est simple et sans mélange, et d'un autre côté quelque chose, ainsi que nous désignons l'indéfini avant qu'il soit défini et participe d'aucune forme. Ce n'est s'exprimer ni justement, ni clairement; mais au fond il a voulu dire quelque chose qui se rapproche davantage des doctrines qui ont suivi et de la réalité (1).

Tous ces philosophes ne sont familiers qu'avec ce qui regarde la génération, la corruption et le mouvement, car ils s'occupent à peu près et exclusivement de cet ordre de choses, des principes et des causes qui s'y rapportent. Mais ceux qui étendent leurs recherches à tous les êtres, et qui admettent d'un côté des êtres sensibles, de l'autre des êtres qui ne tombent pas sous les sens, ceux-là ont dû naturellement faire l'étude de l'une et de l'autre de ces deux classes d'êtres; et c'est pourquoi il faut s'arrêter davantage sur ces philosophes pour savoir ce qu'ils disent de bon ou de mauvais qui puisse éclairer nos recherches. Ceux qu'on appelle pythagoriciens font jouer aux principes et aux élémens un rôle bien plus étrange que les physiciens; la raison en est qu'ils ne les ont pas empruntés aux choses sensibles. Les êtres mathématiques sont sans mouvement, à l'exception de ceux dont s'occupe l'astronomie (2); et cependant les pythagoriciens ne

---

(1) Je suis Brandis qui lit τοῖς φαινομένοις, mais je conviens que Bekker a trouvé dans la plupart des manuscrits τοῖς νῦν φ. les opinions reçues aujourd'hui.

(2) Selon Aristote (l. XII), les sphères célestes sont animées et tiennent d'elles-mêmes leur mouvement.

dissertent et ne font de système que sur la physique. Ils engendrent le ciel, ils observent ce qui arrive dans toutes ses parties, dans leurs rapports, dans leurs mouvemens, et ils épuisent à cela leurs causes et leurs principes, comme s'ils convenaient avec les physiciens que l'être est tout ce qui est sensible, et tout ce qu'embrasse ce qu'on appelle le ciel. Or, les causes et les principes qu'ils reconnaissent sont bons pour s'élever, comme nous l'avons dit, à ce qu'il y a de supérieur dans les êtres (1), et conviennent plus à cet objet qu'à l'explication des choses naturelles. Puis, comment pourra-t-il y avoir du mouvement, si on ne suppose d'autres sujets que le fini et l'infini, le pair et l'impair? ils ne le disent nullement; ou comment est-il possible que sans mouvement ni changement, il y ait génération et corruption, et toutes les révolutions des corps célestes? Ensuite, en supposant qu'on leur accorde ou qu'il soit démontré que de leurs principes on tire l'étendue, comment alors même rendront-ils compte de la légèreté et de la pesanteur? car d'après leurs principes et leur prétention même, ils ne traitent pas moins des corps sensibles que des corps mathématiques. Aussi n'ont-ils rien dit de bon

---

(2) Τὰ ἀνωτέρω τῶν ὄντων. En effet les vérités mathématiques sont des rapports nécessaires, supérieurs à leurs termes.

sur le feu, la terre et les autres choses semblables, et cela, parce qu'ils n'ont rien dit, je pense, qui convienne proprement aux choses sensibles. De plus, comment faut-il entendre que le nombre et les modifications du nombre sont la cause des êtres qui existent et qui naissent dans le monde, depuis l'origine jusqu'à présent, tandis que d'autre part il n'y a aucun autre nombre hors celui dont le monde est formé? En effet, lorsque pour eux, l'opinion et l'à-propos sont dans une certaine partie du ciel, et un peu plus haut ou un peu plus bas l'injustice et la séparation ou le mélange, attendu, selon eux, que chacune de ces choses est un nombre, et lorsque déjà dans ce même espace se trouvent rassemblées une multitude de grandeurs, parce que ces grandeurs sont attachées chacune à un lieu; le nombre qu'il faut regarder comme étant chacune de ces choses, est-il le même que celui qui est dans le ciel, ou un autre outre celui-là? Platon dit que c'est un autre nombre; et pourtant lui aussi pense que les choses sensibles et les causes de ces choses sont des nombres; mais pour lui les nombres qui sont causes, sont intelligibles, et les autres sont des nombres sensibles.

CHAPITRE VIII.

Laissons maintenant les Pythagoriciens ; ce que nous en avons dit, suffira. Quant à ceux qui posent pour principes les idées, d'abord, en cherchant à saisir les principes des êtres que nous voyons, ils en ont introduit d'autres en nombre égal à celui des premiers, comme si quelqu'un voulant compter des objets, et ne pouvant le faire, alors même qu'ils sont en assez petit nombre, s'avisait de les multiplier pour les compter. Les idées sont presque en aussi grand nombre que les choses pour l'explication desquelles on a eu recours aux idées. Chaque chose individuelle se trouve avoir un homonyme, non seulement les existences individuelles, mais toutes celles où l'unité est dans la pluralité, et cela pour les choses de ce monde et pour les choses éternelles. En second lieu, de tous les argumens dont on se sert pour établir l'existence des idées, aucun ne la démontre : la conclusion qu'on tire des uns n'est pas rigoureuse, et d'après les autres, il y aurait des idées là même où les Platoniciens n'en admettent pas. Ainsi d'après les considérations puisées dans la nature de la science, il y aura des idées de toutes les choses dont il y a science; et d'après l'argument qui se tire de l'unité impliquée dans toute pluralité, il y aura des idées des négations mêmes ; et par ce motif qu'on pense aux choses qui ont péri, il y en aura des choses qui ne sont plus : car nous nous en formons quelque image. En outre, on est conduit, en raisonnant rigoureusement, à supposer des idées pour le relatif dont on ne prétend pourtant pas qu'il forme par lui-même un genre à part, ou bien à l'hypothèse du troisième homme (1). Enfin,

(1) L'argument du *troisième homme*, qu'Aristote ne fait ici qu'indiquer, comme suffisamment connu, était, à ce qu'il paraît, un argument célèbre contre la doctrine des idées. On le produisait sous diverses formes qu'Alexandre d'Aphrodisée nous a conservées : 1° Quand nous disons : l'*homme se promène*, nous n'entendons pas parler de l'idée de l'homme, de l'homme en soi ; car l'idée est sans mouvement ; ni de l'homme particulier ; car le particulier, c'est le non-être, c'est ce que nous ne pouvons connaître ; et comment savoir si ce qui n'est pas se promène ou non ? Il y a donc un *troisième homme*, outre l'homme individu et l'idée de l'homme. 2° Les partisans des idées disent que tout ce qui peut être affirmé de plusieurs choses particulières est une idée, un être à part, ayant une existence distincte ($\chi\omega\rho\iota\sigma\tau\grave{o}\nu$) de celle des objets particuliers dont on l'affirme. S'il en est ainsi, puisque la dénomination d'*homme* convient et à l'homme en général et à l'homme particulier, il y aura un *troisième homme*, distinct des deux premiers. Ce troisième homme ayant le même rapport d'un côté avec l'idée de l'homme, de l'autre avec l'homme particulier, il y aura, par la même raison, un quatrième et un cinquième homme, et ainsi de suite à l'infini. Alexandre d'Aphrodisée cite encore une troisième forme de cet argument qui se rapproche beaucoup de la première, et qu'il attribue au sophiste Polyxène. Enfin, Asclépius de Trallès, autre commentateur d'Aristote, développe le même argument sous la seconde des deux formes citées par Alexandre d'Aphrodisée. Voyez Brandis, *de perditis Aristotelis libris*, pag. 19, Bonn. 1823.

les raisonnemens qu'on fait sur les idées renversent ce que les partisans des idées ont plus à cœur que l'existence même des idées : car il arrive que ce n'est plus la dyade qui est avant le nombre, mais le nombre qui est avant la dyade, que le relatif est antérieur à l'absolu, et toutes les conséquences en contradiction avec leurs propres principes, auxquelles ont été poussés certains (1) partisans de la doctrine des idées. De plus, dans l'hypothèse sur laquelle on établit l'existence des idées, il y aura des idées non-seulement pour les substances, mais aussi pour beaucoup d'autres choses : car ce ne sont pas les substances seules, mais les autres choses aussi que nous concevons sous la raison de l'unité, et toutes les sciences ne portent pas seulement sur l'essence, mais sur d'autres choses encore ; et il y a mille autres difficultés de ce genre. Mais de toute nécessité, ainsi que d'après les opinions établies sur les idées, si les idées sont quelque chose dont participent les êtres, il ne peut y avoir d'idées que des essences : car ce n'est pas par l'accident qu'il peut y avoir participation des idées ; c'est par son côté substantiel que chaque chose (2) doit participer d'elles. Par

---

(1) Probablement Speusippe et Xénocrate.

(2) Au lieu de ἑκάστου donné par Brandis et Bekker, le manuscrit H de Bekker donne ἕκαστον, qui est appuyé par Alexandre d'Aphrodisée et qui rend le sens plus facile.

exemple si une chose participe du double en soi, elle participe de l'éternité, mais selon l'accident : car ce n'est que par accident que le double est éternel; en sorte que les idées seront l'essence, et que dans le monde sensible et au-dessus elles désigneront l'essence; ou sinon, que signifiera-t-il de dire qu'il doit y avoir quelque chose de plus que les choses particulières, à savoir, l'unité dans la pluralité? Si les idées et les choses qui en participent, sont du même genre, il y aura entre elles quelque chose de commun : car pourquoi y aurait-il dans les dualités périssables et les dualités multiples, mais éternelles, une dualité une et identique, plutôt que dans la dualité idéale et dans telle ou telle dualité déterminée (1)? Si, au contraire, elles ne sont pas du même genre, il n'y aura entre elles que le nom de commun, et ce sera comme si on donnait le nom d'homme à Callias et à un morceau de bois, sans avoir vu entre eux aucun rapport.

La plus grande difficulté, c'est de savoir ce que

---

(1) C'est-à-dire, pourquoi, si l'on ne conteste pas que la dualité se trouve une et identique dans la dualité concrète et dans la dualité abstraite et mathématique, parce que ces dualités sont du même genre, pourquoi n'admettrait-on pas aussi que la dualité se trouve une et identique dans l'idée de la dualité et dans les dualités particulières, si, ce qui est l'hypothèse, les idées et les choses qui en participent sont du même genre? Il faut ici aider un peu au texte d'Aristote en suivant Alexandre d'Aphrodisée.

font les idées aux choses sensibles, soit à celles qui sont éternelles, soit à celles qui naissent et qui périssent : car elles ne sont causes pour elles ni d'aucun mouvement, ni d'aucun changement. D'autre part, elles ne servent en rien à la connaissance des choses, puisqu'elles n'en sont point l'essence : car alors elles seraient en elles ; elles ne les font pas être non plus, puisqu'elles ne résident pas dans les choses qui participent d'elles. A moins qu'on ne dise peut-être qu'elles sont causes, comme serait, par exemple, la blancheur cause de l'objet blanc, en se mêlant à lui ; mais il n'y a rien de solide dans cette opinion qu'Anaxagoras le premier, et après lui Eudoxe et quelques autres, ont mise en avant ; et il est facile de rassembler contre une pareille hypothèse une foule de difficultés insolubles. Ainsi les choses ne sauraient venir des idées, dans aucun des cas dans lesquels on a coutume de l'entendre. Dire que ce sont des exemplaires et que les autres choses en participent, c'est prononcer de vains mots et faire des métaphores poétiques ; car, qu'est-ce qui produit jamais quelque chose en vue des idées ? De plus, il se peut qu'il existe ou qu'il naisse une chose semblable à une autre, sans avoir été modelée sur elle ; et, par exemple, que Socrate existe ou n'existe pas, il pourrait naître un personnage tel que Socrate. D'un autre côté, il est également vrai que, en admettant un Socrate éternel, il faudra qu'il y ait plusieurs exemplaires et par conséquent plusieurs idées de la même chose; de l'homme, par exemple, il y aurait l'animal, le bipède, tout aussi bien que l'homme en soi. Il faut en outre qu'il y ait des idées exemplaires non-seulement pour des choses sensibles, mais encore pour les idées elles-mêmes, comme le genre en tant que comprenant des espèces; de sorte que la même chose sera à la fois exemplaire et copie (1). De plus, il semble impossible que l'essence soit séparée de la chose dont elle est l'essence : si cela est, comment les idées qui sont les essences des choses, en seraient-elles séparées? On voit aussi dans le Phédon que les idées sont les causes de l'être et de la naissance : pourtant, les idées étant données, les choses qui en participent n'arrivent pas à la naissance, s'il n'y a un principe moteur; et il se fait beaucoup d'autres choses, comme une maison et un anneau, dont on ne dit pas qu'il y ait des idées; il est donc clair qu'il se peut que les autres choses aussi soient et deviennent par des causes semblables à celles

---

(1) L'espèce *homme* est une idée et par conséquent un exemplaire par rapport aux hommes particuliers qu'elle comprend. Mais le genre *animal* qui comprend l'espèce *homme*, est une idée aussi, et par conséquent un exemplaire par rapport à l'idée d'homme. L'idée d'homme est donc à la fois exemplaire et copie.

qui font être et devenir les objets que nous venons de nommer.

Maintenant, si les idées sont des nombres, comment ces nombres seront-ils causes ? Sera-ce parce que les êtres sont d'autres nombres, et que tel nombre par exemple est l'homme, tel autre Socrate, tel autre Callias ? Mais en quoi ceux-là sont-ils causes de ceux-ci ? car, que les uns soient éternels, les autres non, cela n'y fera rien. Si c'est parce que les choses sensibles sont des rapports de nombres, comme est par exemple une harmonie, il est évident qu'il y a quelque chose qui est le sujet de ces rapports ; et si ce quelque chose existe, savoir la matière, il est clair qu'à leur tour les nombres eux-mêmes seront des rapports de choses différentes. Par exemple, si Callias est une proportion en nombres de feu, de terre, d'eau et d'air, cela supposera des sujets particuliers, distincts de la proportion elle-même ; et l'idée nombre, l'homme en soi, que ce soit un nombre ou non, n'en sera pas moins une proportion de nombres qui suppose des sujets particuliers et non pas un pur nombre, et on n'en peut tirer non plus aucun nombre particulier (1).

(1) εἰ δ' ὅτι λόγοι ἀριθμῶν........ οὐδὲ ἔσται τις διὰ ταῦτα ἀριθμός. D'après le sens le plus plausible qu'on puisse donner à cette phrase, elle revient à établir ce qui est toujours en effet le dernier résultat auquel veut arriver Aristote, savoir que rien de particulier ne peut sortir

Ensuite, de la réunion de plusieurs nombres, résulte un nombre unique; comment de plusieurs idées fera-t-on une seule idée? Si on prétend que la somme n'est pas formée de la réunion des idées elles-mêmes, mais des élémens individuels compris sous les idées, comme est par exemple une myriade, comment sont les unités qui composent cette somme? Si elles sont de même espèce, il s'ensuivra beaucoup de choses absurdes; si d'espèce diverse, elles ne seront ni les mêmes, ni différentes; car en quoi différeraient-elles, puisqu'elles n'ont pas de qualités? Toutes ces choses ne sont ni raisonnables ni conformes au bon sens. Et puis, il est nécessaire d'introduire un autre genre de nombre qui soit l'objet de l'arithmétique, et de ce que plusieurs appellent les choses intermédiaires; autrement de quels principes viendront ces choses (1)? Et pourquoi y aurait-il des choses intermédiaires entre les choses sensibles et les idées? De plus, les unités qui entrent dans une dualité, viennent chacune d'une certaine dyade an-

---

du général pur, et que si l'on fait de ce général un nombre, il est incapable de produire les nombres particuliers qui représenteront alors dans ce système numérique les choses particulières; ou que, si on en fait une proportion de nombres, il supposera évidemment des sujets, des termes préexistans, au lieu d'expliquer ces sujets et aucun nombre particulier. D'où il suit que l'idée nombre est une abstraction impuissante.

(1) C'est-à-dire les mathématiques.

térieure ; or, cela est impossible. Et aussi, pourquoi le nombre composé serait-il un ? Outre ce que nous venons de dire, si les unités sont différentes, il fallait s'expliquer comme ceux qui admettent quatre ou deux élémens : ceux-ci en effet ne donnent pas comme élément fondamental des choses, ce qu'elles ont de commun, par exemple le corps ; mais ils disent que c'est le feu et la terre, que le corps soit ou non quelque chose de commun entre ces élémens : mais ici, on pose pour principe l'unité, comme si c'était quelque chose d'homogène, à la manière du feu ou de l'eau ; s'il en était ainsi, les nombres ne seront pas des êtres; mais il est clair que, s'il y a une unité existante en soi, et que cette unité soit principe, il faut prendre le mot unité dans plusieurs sens ; autrement, cela serait impossible.

Dans le but de ramener les choses aux principes de cette théorie, on compose les longueurs du long et du court, c'est-à-dire d'une certaine espèce de grand et de petit, la surface du large et de l'étroit, le corps du profond et de son contraire. Or, comment le plan pourra-t-il contenir la ligne, ou le solide la ligne et le plan ? car le large et l'étroit sont une espèce différente du profond et de son contraire. De même donc que le nombre ne se trouve pas dans ces choses, parce que ses principes, le plus ou le moins, sont distincts de ceux que nous venons de nommer, il est clair que de ces diverses espèces, celles qui sont supérieures, ne pourront se trouver dans les inférieures (1). Et il ne faut pas dire que le profond soit une espèce du large; car alors, le corps serait une sorte de plan. Et les points, d'où viendront-ils ? Platon combattait l'existence du point, comme étant une pure conception géométrique; d'autre part, il l'appelait le principe de la ligne, il en a fait souvent des lignes indivisibles. Pourtant, il faut que ces lignes aient une limite; de sorte que par la même raison que la ligne existe, le point existe aussi.

Enfin, quand il appartient à la philosophie de rechercher la cause des phénomènes, c'est cela même que l'on néglige : car on ne dit rien de la cause qui est le principe du changement;

(1) Οὐθὲν τῶν ἄνω ὑπάρξει τοῖς κάτω. Dans cette phrase, τὰ ἄνω et τὰ κάτω équivalent à ce qui est appelé ailleurs τὰ πρότερα et τὰ ὕστερα. Or, voici la définition qu'Aristote donne de ces deux derniers mots, au livre IV de la Métaphysique, Ed. Br., p. 103, l. 21, définition qu'il attribue aussi à Platon : Τὰ μὲν δὴ οὕτω λέγεται πρότερα καὶ ὕστερα, τὰ δὲ κατὰ φύσιν καὶ οὐσίαν, ὅσα ἐνδέχεται εἶναι ἄνευ ἄλλων, ἐκεῖνα δὲ ἄνευ ἐκείνων μή· ᾗ διαιρέσει ἐχρήσατο Πλάτων. En appliquant cette définition aux choses dont il s'agit ici, il s'ensuit que le nombre est antérieur à la ligne, la ligne au plan, le plan au solide; car la ligne peut exister sans la surface et indépendamment d'elle, mais non pas la surface sans la ligne, etc. Cette explication est la clef de la phrase qui nous occupe ; elle a sa confirmation page 33, Ed. Br., l. 20 ; τὰ μετὰ τοὺς ἀριθμοὺς μήκη καὶ ἐπίπεδα καὶ στερεά.

et on s'imagine expliquer l'essence des choses sensibles, en posant d'autres essences; mais comment celles-ci sont-elles les essences de celles-là? c'est sur quoi on ne se paie que de mots. car *participer*, comme nous l'avons déjà dit, ne signifie rien. Et ce principe que nous regardons comme la fin des sciences, en vue duquel agit toute intelligence et tout être; ce principe que nous avons rangé parmi les principes premiers, les idées ne l'atteignent nullement : mais de nos jours les mathématiques sont devenues la philosophie toute entière, quoiqu'on dise qu'il ne faut les cultiver qu'en vue des autres choses. De plus, cette dyade, dont ils font la matière des choses, on pourrait bien la regarder comme une matière purement mathématique, comme un attribut et une différence de ce qui est et de la matière, plutôt que comme la matière même : c'est comme ce que les physiciens appellent le rare et le dense, ne désignant par là que les différences premières du sujet; car tout cela n'est autre chose qu'une sorte de plus et de moins (1). Quant à ce qui est du mouvement, si le grand et le petit renferment le mouvement, il est clair que les idées seront en mouvement : sinon, d'où est-il venu? c'en est assez pour supprimer d'un seul coup toute étude de la na-

―――――――――――
(1) ὑπεροχή τις καὶ ἔλλειψις.

ture. Il eût paru facile à cette doctrine de démontrer que tout est un ; mais elle n'y parvient pas, car, des raisons qu'on expose, il ne résulte pas que toutes choses soient l'unité, mais seulement qu'il y a une certaine unité existante, et il reste à accorder qu'elle soit tout : or cela, on ne le peut, qu'en accordant l'existence du genre universel (1), ce qui est impossible pour certaines choses. Pour les choses qui viennent après les nombres, à savoir, les longueurs, les surfaces et les solides, on n'en rend pas raison, on n'explique ni comment elles sont et deviennent, ni si elles ont quelque vertu. Il est impossible que ce soient des idées ; car ce ne sont pas des nombres, ni des choses intermédiaires, car ces dernières sont les choses mathématiques, ni enfin des choses périssables ; mais il est évident qu'elle constituent une quatrième classe d'êtres.

Enfin, rechercher les élémens des êtres sans les distinguer, lorsque leurs dénominations les distinguent de tant de manières, c'est se mettre dans l'impossibilité de les trouver, surtout si on pose la question de cette manière : Quels sont les élémens des êtres ? car de quels élémens viennent l'action ou la passion ou la direction rectiligne, c'est ce qu'on ne peut certainement pas saisir ;

---

(1) Γένος τὸ καθόλου.

on ne le peut que pour les substances; de sorte que rechercher les élémens de tous les êtres ou s'imaginer qu'on les connaît, est une chimère. Et puis, comment pourra-t-on apprendre quels sont les élémens de toutes choses? Evidemment, il est impossible alors qu'on possède aucune connaissance préalable (1); car quand on apprend la géométrie, on a des connaissances préalables, sans qu'on sache d'avance rien de ce que renferme la géométrie et de ce qu'il s'agit d'apprendre; et il en est ainsi de tout le reste; si donc il y a une science de toutes choses, comme quelques-uns le prétendent, il n'y a plus de connaissance préalable. Cependant, toute science, aussi bien celle qui procède par démonstration (2) que celle qui procède par définitions (3), ne s'acquiert qu'à l'aide de connaissances préalables, totales ou particulières; car toute définition suppose des données connues d'avance; et il en est de même de la science par induction (4). D'ailleurs, si la science dont nous parlons était innée en nous, il serait étonnant que nous pos-

(1) En effet, vouloir remonter aux élémens de toutes choses et expliquer tout, c'est ne s'arrêter à rien et détruire, par des explications à l'infini, les bases mêmes de toute explication : à savoir, les données, les principes, les connaissances préalables dont il faut partir dans toute science, comme il est montré plus bas.

(2) Δι' ἀποδείξεως.

(3) Δι' ὁρισμῶν.

(4) Δι' ἐπαγωγῆς.

sédassions, sans le savoir, la plus puissante des sciences. Et puis, comment connaîtra-t-on les élémens de toutes choses et comment arrivera-t-on à une certitude démonstrative ? Car cela est sujet à difficulté(1); et on pourrait douter sur ce point comme on doute au sujet de certaines syllabes : les uns disent en effet que la syllabe DSA est composée des trois lettres D, S, A (2); les autres prétendent que c'est un autre son, différent de tous ceux que nous connaissons. Enfin, les choses qui tombent sous la sensation, comment celui qui est dépourvu de la faculté de sentir, pourra-t-il les connaître? Pourtant, il le faudrait si les idées sont les élémens dont se composent toutes choses, comme des sons composés viennent tous des sons élémentaires.

(1) En effet, puisque, comme Aristote vient de le dire, celui qui veut acquérir la science de toutes choses, ne peut supposer aucune connaissance préalable, pas même celle des axiomes, comment saura-t-il quelque chose démonstrativement? comment arrivera-t-il à l'évidence ?

(2) Le texte : σμα. Mais on ne voit pas comment il a pu être jamais mis en doute que la syllabe σμα vînt des trois lettres σ, μ, α. C'est pourquoi nous avons substitué avec Alexandre d'Aphrodisée la syllabe κσα ou δσα (ξα, ζα) à σμα. Brandis, par respect pour les manuscrits, ne fait pas ce changement dans le texte, mais il l'indique en note.

CHAPITRE IX.

Ainsi donc, il résulte clairement de tout ce que nous avons dit jusqu'ici, que les recherches de tous les philosophes se rapportent aux quatre principes déterminés par nous dans la Physique, et qu'en dehors de ceux-là il n'y en a pas d'autre; mais ces recherches ont été faites sans précision; et si, en un sens, on a parlé avant nous de tous les principes, on peut dire en un autre qu'il n'en a pas été parlé: car la philosophie primitive (1), jeune et faible encore, semble bégayer sur toutes choses. Par exemple, lorsque Empédocle dit que ce qui fait l'os c'est la proportion (2), il désigne par là la forme et l'essence de la chose; mais il faut aussi que ce principe rende raison de la chair et de toutes les

---

(1) Ἡ πρώτη φιλοσοφία. Le sens constant de cette expression dans Aristote est celui de *philosophie première*. La place qu'elle occupe ici en indique plus naturellement un autre, celui de philosophie ancienne ou antérieure. Alexandre d'Aphrodisée semble adopter ce dernier sens : *cum priores de philosophia disputabant.*

(2) Ὀστοῦν τῷ λόγῳ φησὶν εἶναι. Aristote attribue la même pensée à Empédocle dans plusieurs autres passages : *de generat. anim.* I, 18; *de partib. anim.* I, 1; *de anima*, I, 5. Sur ce point, voyez Sturz, *Empedocles Agrigentinus*, pag. 407. Dans Empédocle, on voit fréquemment λόγος à la place de φιλία. L'amitié est en effet un rapport.

autres choses, ou de rien; c'est donc par la proportion que la chair et l'os et toutes les autres choses existeront, et non pas par la matière, laquelle est selon lui feu, terre et eau. Qu'un autre eût dit cela, Empédocle en serait nécessairement convenu; mais il ne s'est pas expliqué clairement.

L'insuffisance des recherches de nos devanciers a été assez montrée (1). Maintenant, reprenons les difficultés qui peuvent s'élever sur le sujet lui-même; leur solution nous conduira peut-être à celle des difficultés qui se présenteront ensuite.

(1) Περὶ τούτων. Ceci ne s'applique pas seulement à ce qui précède immédiatement, c'est-à-dire au système d'Empédocle. Il s'agit en général de la manière insignifiante dont les anciens ont parlé des principes.

TRADUCTION

DU LIVRE DOUZIÈME

DE LA MÉTAPHYSIQUE.

CHAPITRE PREMIER.

L'essence est l'objet de la science, car ce sont les êtres dont on cherche les principes et les causes. Si l'on considère l'univers comme un tout, l'essence en est la partie principale; si comme une série, l'essence a le premier rang; vient ensuite la qualité, puis la quantité. Et même le reste n'a pas d'existence, à parler rigoureusement; ce ne sont que des qualités et des mouvemens de la même façon que le non-blanc et le non-droit. Et pourtant le langage attribue l'existence à ces choses, comme on dit: le non-blanc est. De plus, rien ne peut être séparé de l'essence.

L'exemple de nos devanciers confirme ce que nous venons d'établir; car c'est de l'essence qu'ils ont cherché les principes, les élémens et les causes. Les philosophes de nos jours placent surtout l'essence dans le général; car le genre est ce quelque chose de général qu'ils donnent comme le principe et l'essence des êtres, dominés qu'ils sont dans leurs recherches par le point de vue logique; mais les anciens ont plutôt placé l'essence dans le particulier, comme le feu et la terre, et non pas le corps en général.

Il y a trois essences, deux sensibles, dont l'une éternelle et l'autre périssable, telle que les plantes et les animaux. Il n'y a pas de contestation sur cette dernière; mais, quant à la première, il est nécessaire de rechercher si ses élémens sont un ou plusieurs. La troisième essence est immobile. Quelques philosophes (1) lui donnent une existence à part, les uns (2) la divisant en deux élémens, les idées et les êtres mathématiques, les autres (3) confondant ces deux élémens en une seule nature, d'autres encore (4) n'admettant que les êtres mathématiques. De ces trois essences, les deux

---

(1) L'école idéaliste en général, à savoir les Pythagoriciens et les Platoniciens.

(2) Platon lui-même.

(3) Peut-être les successeurs de Platon, Speusippe et Xénocrate. Dans le livre XIII de la *Métaphysique*, il est question de philosophes qui, comme les Pythagoriciens, n'admettent qu'un seul nombre, à savoir, le nombre mathématique, et se distinguent des Pythagoriciens en ce qu'ils donnent à ce nombre une existence séparée des choses sensibles. Syrien et Philopon rapportent cette opinion à Xénocrate.

(4) Les Pythagoriciens.

premières se rapportent à la physique, car elles tombent sous le mouvement, et la troisième à une science différente, puisqu'elle n'a avec les deux premières aucun principe commun.

CHAPITRE II.

Ainsi la substance sensible est sujette au changement. Or, si le changement a lieu entre des opposés ou des intermédiaires, non pas entre toute espèce d'opposés, car le son et le blanc sont aussi des opposés, mais entre des contraires; il est nécessaire qu'il y ait dans l'objet qui change, quelque chose qui subisse le changement du contraire en son contraire; car ce ne sont pas les contraires qui changent. De plus, ce quelque chose subsiste après le changement, mais les contraires ne subsistent pas. Il y a donc, outre les deux contraires, un troisième terme, la matière. Et s'il y a quatre espèces de changemens, d'essence, de qualité, de quantité et de lieu, le changement d'essence qui est la génération et la corruption simple, le changement de quantité qui est l'augmentation et la diminution, le changement de qualité qui est l'altération, le changement de lieu qui est le mouvement, il s'en suit que le changement doit se faire entre des contraires de même espèce. Or, pour changer d'un contraire à l'autre, il faut que la matière ait l'un et l'autre en puissance. L'être étant double, à savoir l'être en puissance et l'être en acte, tout changement doit se faire de l'un à l'autre, par exemple, du blanc en puissance au blanc en acte; et de même de l'augmentation et de la diminution. De sorte que, non-seulement quelque chose peut venir du non-être, quant à l'accident, mais qu'aussi tout venant de l'être, c'est-à-dire de l'être en puissance, tout vient du non-être en acte. C'est là le principe primitif d'Anaxagore, cette unité bien meilleure que sa confusion (1), le mélange d'Empédocle (2) et d'Anaximandre (3), et ce que dit Démocrite : toutes choses étaient en puissance, mais non pas en acte (4).

(1) Anaxagore admettait avant l'action d'un esprit ordonnateur, νοῦς κοσμήσας, l'existence du chaos, πάντα ἦν ὁμοῦ, et ce chaos est appelé ici unité, expression qui paraît à Aristote préférable à la première.

(2) Le μίγμα d'Empédocle est la masse primitive en repos, dans laquelle les élémens sont confondus, c'est-à-dire le σφαῖρος. Sturz, p. 283.

(3) Ce philosophe admettait pour principe premier l'infini, dans le sein duquel ont lieu tous les changemens. *Arist. phys.*, l. I, c. 4.

(4) D'après la forme de cette phrase, il semblerait que Démocrite est le premier auteur de la formule de la distinction du τὸ δυνάμει et du τὸ ἐνεργείᾳ. S'il en était ainsi, il aurait trouvé la formule même du péripatétisme, et Aristote aurait dû le dire plus expressément. Mais il est possible qu'il y ait eu seulement dans Démocrite le fond de la pensée, et non pas l'expression elle-même. En général, il ne serait pas étonnant que dans cette phrase où Aristote veut montrer la ressemblance des principes de ces quatre philosophes avec les siens, il eût donné à l'exposition de

Ces philosophes ont donc soupçonné notre opinion sur la matière.

Tout ce qui change a une matière, mais une matière différente; et parmi les essences éternelles, toutes celles qui, soumises à la génération, le sont au mouvement, ont aussi une matière; seulement, cette matière n'est pas engendrée, mais mobile.

On demandera de quel non-être vient la génération, car le non-être est triple (1). Si l'être en puissance [le non-être en acte (2)] est en effet quelque chose, c'est de là que vient la génération (3); et non pas de tout être en puissance, mais tel être en acte de tel être en puissance. Il ne suffit donc pas de dire que toutes choses existent ensemble, car elles diffèrent par la matière; en effet, pourquoi s'est-il produit une infinité d'êtres et non un être unique? L'esprit est un; si la matière était une aussi, il n'a pu en sortir en acte que ce qui y était en puissance.

Ainsi il y a trois élémens et trois principes : deux qui sont les principes des contraires, à savoir,

---

leur système une forme qui semble les rapprocher de ses propres doctrines. Par exemple, τὸ Ἀναξαγόρου ἕν n'est évidemment pas la formule d'Anaxagore.

(1) Ces trois formes du non-être sont : le faux, le néant, ce qui est en puissance.

(2) Ajouté pour la clarté.

(3) *C'est de là que vient la génération.* Lacune remplie d'après Alexandre d'Aphrodisée : *Ex hoc utique generatio erit.*

d'un côté la forme, de l'autre la privation ; le troisième principe est la matière.

CHAPITRE III.

De plus, ni la matière ni la forme ne tombent sous la génération ; j'entends la matière et la forme primitives. En effet, tout changement suppose un sujet, une cause et un but. La cause est ici le premier moteur, le sujet est la matière, le but est la forme. Or, on se perdrait dans l'infini, si l'on admettait que ce qui tombe sous la génération, ce n'est pas seulement l'airain cylindrique, mais la forme cylindrique et la matière de l'airain en elle-même : il faut donc s'arrêter. Ensuite toute essence vient d'une essence de même ordre. Car les choses naturelles ne sont pas seules des essences ; il y a des essences qui viennent de l'art, d'autres de la nature, d'autres de la fortune, d'autres du hasard. Dans l'art, le principe producteur est différent de l'objet qu'il produit ; il lui est identique dans la nature ; en effet, c'est l'homme qui engendre l'homme. Quant aux autres causes, elles sont des privations de ces deux là.

Il y a trois sortes d'essences ; la matière, qui n'est quelque chose de déterminé que parce qu'elle tombe sous l'imagination; car tout ce qui existe par juxta-position, sans organisation, est matière et sujet; la nature, c'est-à-dire la forme même à laquelle tout changement aboutit, et la manière d'être propre à chaque chose; enfin, une troisième essence, composée des deux premières, l'individuel, comme Socrate, Callias.

Dans certaines choses, la forme n'existe pas hors du composé, par exemple, la forme d'une maison, à moins qu'on ne considère cette forme comme la pensée de l'artiste. La maison sans matière, la santé et tout ce qui est pure conception de l'art, ne tombe pas sous la génération et la corruption; c'est d'une autre manière que tout cela est ou n'est pas. Mais si la forme existe hors du composé, c'est dans les choses naturelles. Ainsi Platon n'a pas eu tort de dire qu'il n'y a des idées que des choses naturelles, si même il y a des idées différentes de ces choses, par exemple du feu, de la chair, de la tête; car tout cela est matière, et le dernier degré d'individualisation de la matière est le plus haut degré de l'existence (1).

Les causes motrices sont antérieures aux choses qu'elles produisent; mais la forme des choses est contemporaine des choses elles-mêmes : car, c'est

---

(1) Ἅπαντα γὰρ ὕλη ἐστί, καὶ τῆς μάλιστα οὐσίας ἡ τελευταία. Phrase obscure, dont l'interprétation ici adoptée est loin de nous paraître entièrement satisfaisante.

quand un homme est sain que la santé existe, et la forme de la sphère d'airain existe avec cette sphère.

Demandons-nous aussi si quelque chose subsiste ultérieurement. Pour quelques êtres, rien ne s'y oppose, par exemple, pour l'ame; non pas pour l'ame tout entière, mais seulement pour l'intelligence; car pour l'ame entière, cela est impossible.

Ainsi il est évident que pour tout cela il n'est pas nécessaire d'admettre l'existence des idées; car c'est un homme qui engendre un homme, tel individu qui produit tel individu. Il en est de même dans les arts; par exemple, c'est la médecine qui est la raison de la santé.

CHAPITRE IV.

Les causes et les principes sont différens pour les différentes choses; ils ne sont les mêmes que considérés généralement et par analogie. On pourra demander s'il y a diversité ou identité d'élémens et de principes pour les essences, les relations et chacune des catégories. Mais il est absurde d'admettre l'identité; car alors la relation et l'essence viendront des mêmes élémens. Et comment cela pourra-t-il être? En dehors de l'essence et des autres catégories, il n'y a rien qui leur soit commun; et un élément est antérieur aux êtres dont il est l'élément. Ce n'est pas non plus l'essence qui est l'élément de la relation, ni la relation celui de l'essence. De plus, comment les élémens de toutes choses pourraient-ils être les mêmes? Il est impossible qu'aucun des élémens soit une même chose avec l'être composé de ces élémens; par exemple, que *b* ou *a* soit la même chose que *ba*. Il n'y a pas non plus d'élément des êtres intelligibles, tels que l'unité ou l'être; car l'unité et l'être appartiennent à tout composé; si donc ils ont des élémens, ils n'existeraient plus ni comme essence, ni comme relation, ce qui est impossible. Toutes choses n'ont donc pas les mêmes élémens; ou plutôt, comme nous le disons, les élémens sont les mêmes sous un point de vue, et ne le sont pas sous un autre. Par exemple, dans les corps sensibles, la forme étant le chaud, le froid étant la privation, et la matière étant le premier en soi qui renferme en puissance ces deux opposés, ces trois élémens sont des essences, ainsi que les composés dont ils sont le principe, et tout ce que le froid et le chaud peuvent produire d'individuel, de la chair, un os. Mais il faut que les produits soient autres que leurs élémens. Pour tous ces êtres, les principes et les élémens sont donc les mêmes, et en même temps ils diffèrent pour chacun. On ne peut donc pas dire qu'ils soient les mêmes pour tous les êtres, si ce n'est par analogie, comme quand on dit qu'il y a trois principes, la forme, la privation et la matière. Mais chacun de ces principes est différent pour chaque genre; par exemple, pour la couleur, c'est le blanc, le noir, la surface; la lumière, les ténèbres, l'air, pour le jour et la nuit. De plus, comme il y a non-seulement des causes internes, mais des causes externes, telles que le moteur, il est clair que principe et élément ne sont pas une même chose : tous deux sont causes, et le terme général de principe les comprend l'un et l'autre. Telles sont les divisions qu'embrasse le mot principe; car la cause du mouvement ou du repos est un principe aussi. De sorte qu'il y a trois élémens et quatre causes, les mêmes analogiquement, mais différens dans chaque chose différente, et la première cause ou le moteur différent aussi dans un sujet différent. Ainsi pour la santé, la maladie, le corps, le moteur, c'est l'art du médecin; pour l'arrangement ou le désordre et les briques le moteur, c'est l'art de l'architecte : c'est ainsi que le principe se divise. Mais si dans l'homme, produit de la nature, le moteur est un homme, dans l'homme, produit de l'art, le moteur est la forme ou son contraire; d'une manière il y a trois causes, de l'autre quatre : car la médecine est en quelque sorte la santé, l'architecture est la forme de la maison, et un homme engendre un homme. De plus, il y a en dehors de ces causes, comme le premier de tous les êtres, le moteur de tous les êtres.

CHAPITRE V.

Certaines choses pouvant exister à part et d'autres ne le pouvant pas, les premières sont les substances, et à cause de cela elles sont les principes de toutes choses, puisque sans les substances les qualités et les mouvemens n'existent pas. Ces principes sont l'ame et le corps, ou l'intelligence, l'appétit et le corps. Sous un autre point de vue encore, les principes sont les mêmes par analogie, par exemple, l'être en acte et l'être en puissance qui en même temps diffèrent et se développent différemment dans les différentes choses. En effet quelquefois la même chose est tantôt en acte et tantôt en puissance, par exemple, le vin, la chair, l'homme; et ces principes reviennent à ceux que nous avons déjà exposés; car, la forme, si elle existe à part, le composé qui résulte de la forme et de la matière, et la privation, comme l'obscurité, la maladie, voilà l'être en acte, et la matière est l'être en puissance; car la matière est ce qui a en puissance de devenir l'un ou l'autre. Les êtres, dont la forme et dont la matière ne sont pas les mêmes, diffèrent entièrement par la différence de l'acte et de la puissance (1); par exemple, l'homme a pour causes internes ses élémens, à savoir, le feu et la terre, comme matière, puis sa propre forme, et pour cause extérieure son père, et outre son père, le soleil et le cercle oblique (2), lesquels ne sont ni matière, ni forme, ni privation, ni rien de pareil, mais des moteurs. De plus, il faut considérer que certains principes peuvent se dire universels, et d'autres non. Or, les premiers principes de toutes choses sont d'un côté ce qui est primitivement en acte, c'est-à-dire la forme, et de l'autre ce qui est en puissance. Mais tout cela n'est pas les universaux (3). Car c'est l'individu qui est le principe de l'individu. Sans doute l'homme universel est le principe de l'homme

---

(1) C'est le sens qui résulte des développemens d'Alexandre d'Aphrodisée.

(2) Voyez plus bas, ch. VIII.

(3) Je me suis décidé à traduire τὰ καθόλου par l'expression scholastique d'Universaux. Si l'on traduit par les idées, on ramène la formule d'Aristote à celle de Platon; et, dans ce cas, on donne au τὰ καθόλου un sens objectif et réel; ou si l'on traduit, comme l'ont fait la plupart des modernes, les notions générales, alors on suppose ce qui est en question, savoir : que les universaux sont de simples conceptions, destituées de réalité et d'objectivité. L'expression, les universaux, laisse la question indécise, ce qui est nécessaire.

universel; mais l'homme universel n'existe pas. C'est Pélée qui est le principe d'Achille, votre père de vous-même, ce b de cette syllabe ba; et le b en général ne serait que celui de la syllabe ba en général. Ensuite les formes, les principes, sont des essences; mais elles sont, comme on l'a dit, différentes pour les différentes choses, qui ne sont pas de la même espèce, comme les couleurs, les sons, les essences, la quantité. A moins qu'on ne parle par analogie, les principes diffèrent dans une même espèce, non pas par l'espèce, mais parce qu'ils sont distincts pour chaque individu; votre matière, votre cause, votre forme et la mienne; mais, sous un point de vue général, ils sont les mêmes. Enfin, si l'on cherche quels sont les principes et les élémens des essences, des relations, des qualités, et s'ils sont les mêmes ou s'ils diffèrent, il est clair qu'à parler en général ils sont les mêmes pour chacun, mais que dans le détail ils ne sont pas les mêmes et diffèrent, sans que cela les empêche de se retrouver dans toutes choses. Sous un point de vue, ils sont les mêmes par analogie, puisqu'ils sont toujours matière, forme, privation, moteur. Ils sont les mêmes aussi en ce sens que les causes des substances sont les causes de tout, parce que, les substances ôtées, tout est détruit. En outre, le premier principe est en acte. A ce titre, il y a autant de principes différens qu'il y a de premiers contraires; à condition qu'on ne les considérera pas sous un point de vue général, et comme étant l'expression commune de choses différentes. Il en est de même des différentes substances.

Nous avons donc exposé quels sont les principes des choses sensibles, quel est leur nombre, dans quels cas ils sont les mêmes, et dans quels cas ils diffèrent.

CHAPITRE VI.

Nous avons vu qu'il y a trois essences, deux physiques et une immuable; nous allons parler de cette dernière, et montrer que nécessairement il existe une essence immuable qui est éternelle. En effet les essences sont les premiers des êtres, et si elles sont toutes périssables, tout est périssable. Mais il est impossible que le mouvement naisse ou périsse, car il est éternel; de même le temps, car sans le temps, il ne saurait y avoir ni avant ni après. Ajoutons que le mouvement est continu comme le temps, car le temps est la même chose que le mouvement ou une de ses modifications, et par mouvement continu il faut entendre seulement le mouvement dans l'espace, et dans ce mouvement le mouvement circulaire. Or, si le principe moteur et actif ne passe pas à l'acte, il n'y a pas de mouvement; car il est possible que ce qui a la simple puissance n'agisse point. Par conséquent il serait même inutile d'admettre des essences éternelles, comme font les partisans des idées, à moins qu'il ne s'y trouve quelque principe capable d'opérer le changement. Les idées ou toute autre substance ne suffisent donc point; car si elles ne passent pas à l'acte, il n'y aura pas de mouvement. Et encore, il ne suffirait pas que cette substance agît si son essence était la simple puissance; en effet, dans ce cas, le mouvement ne serait pas éternel; car il serait possible que ce qui est en puissance ne se réalisât pas. Il faut donc un principe tel que son essence soit l'acte. Il faut de plus que ces substances soient immatérielles, car il faut qu'elles soient éternelles, si quelque chose est éternel; par conséquent leur nature est l'action.

Mais voici une objection. Il semble que l'acte suppose toujours la puissance, et que la puissance n'est pas toujours en acte; de sorte qu'à ce point de vue, l'antériorité serait à la puissance. Mais s'il en est ainsi, c'en est fait de la réalité; car on conçoit que ce qui peut être ne soit pas encore. Ainsi, soit que l'on dise avec les théologiens (1) que tout vient de la nuit, ou que l'on suppose

---

(1) Orphée et Hésiode.

avec les physiciens (1) la confusion primitive de toutes choses, ces deux solutions sont également inadmissibles; car d'où viendra le mouvement, s'il n'y a pas un principe essentiellement actif? En effet, ce n'est pas la matière qui se mettra elle-même en mouvement, mais c'est l'art de l'ouvrier; ce ne sont pas les menstrues et la terre qui se féconderont elles-mêmes, mais la semence et le germe. Aussi, quelques-uns ont-ils admis une action éternelle, par exemple Leucippe et Platon; car suivant eux le mouvement est éternel. Mais ils ne disent ni la nature du mouvement, ni le pourquoi, ni le comment, ni la cause; cependant rien n'est mû par hasard, mais il faut qu'il y ait un principe éternel du mouvement; comme on dirait maintenant que les choses sont mues par la force de la nature, ou par une force étrangère, l'intelligence ou autre chose. Ensuite, de ces divers principes, quel est le premier? car cela est d'une importance immense. Et il n'est pas permis à Platon de nous donner le principe qu'il nous donne quelquefois, savoir : le même qui se meut lui-même (2); car, d'après ses propres paroles, l'âme est posté-

---

(1) En général les Ioniens et en particulier Anaxagore, au moins dans une partie de son système.

(2) Jamais Platon, en définissant ainsi l'ame, n'a entendu la donner comme le principe éternel de toutes choses; il la considère comme le principe du petit monde qu'elle gouverne.

rieure au mouvement et contemporaine du ciel.

Ainsi, admettre que la puissance est antérieure à l'acte est bien sous un point de vue et mal sous un autre, et il a été dit comment. L'antériorité de l'acte a pour elle Anaxagore; car l'intelligence est quelque chose d'actif; et Empédocle, avec son système de l'amitié et de la haine, et ceux qui font le mouvement éternel, comme Leucippe. Il ne faut donc point dire que, pendant un temps indéfini, existèrent d'abord le chaos et la nuit; mais ce monde est éternel, soit en un état de mouvement périodique (1), soit d'une autre manière, puisqu'il a été démontré que l'acte est antérieur à la puissance.

Si ce monde est éternel dans ses mouvemens périodiques, il faut admettre un principe dont l'action demeure toujours la même. D'un autre côté, pour qu'il puisse y avoir génération et corruption, il faut qu'il y ait un autre principe toujours agissant, mais agissant d'une manière diverse. Or, il est nécessaire que ce second principe agisse tantôt par lui-même et tantôt par un autre principe: c'est donc en vertu du premier principe ou d'un autre. Mais ce doit être en vertu du premier: car il est à la fois sa propre cause et celle du second principe. Il est la cause de l'éter-

---

(1) Probablement il est ici question des alternatives de mouvement et de repos introduits dans la physique par Empédocle, et dont Aristote parle souvent.

nelle uniformité des choses, l'autre, de leur diversité; les deux réunis sont les causes de l'éternelle diversité. C'est de cette manière qu'ont lieu les mouvemens. Pourquoi chercher d'autres principes ?

CHAPITRE VII.

Puisqu'il en peut être ainsi, et qu'autrement il faudrait dire que tout vient de la nuit (1) ou de la confusion (2) ou du non-être (3), ces difficultés sont résolues; et il existe un être éternellement mû d'un mouvement continu, lequel mouvement est circulaire. Cela est prouvé non-seulement par le raisonnement, mais par le fait. De sorte que le premier ciel serait éternel (4). Il y a donc quelque chose qui meut. Mais puisqu'il y a quelque chose qui est mue et quelque chose qui meut, il faut bien un terme qui comprenne les deux autres, c'est-à-dire quelque chose qui meuve sans être mue, qui soit éternelle, et à la fois essence et acte (5).

(1) Orphée et Hésiode.
(2) Anaxagore.
(3) Leucippe.
(4) Voyez plus bas, chap. viii.
(5) Alexandre d'Aphrodisée ponctue autrement et traduit ainsi : « Sed
« quoniam ejus quod movetur tantum et ejus quod movet solum, medium

Voici comment meut ce moteur immuable : le désirable et l'intelligible meuvent sans être mus ; et ces deux choses considérées dans leurs premiers principes n'en font qu'une. En effet, l'objet du désir est ce qui paraît beau ; et l'objet premier de la volonté est le bien lui-même ; car nous désirons une chose parce que nous la jugeons bonne, plutôt que nous la jugeons telle parce que nous la désirons. Le principe est donc l'intelligence. Or, l'intelligence est mue par l'intelligible ; dans l'intelligible, l'intelligible en soi forme une classe à part ; dans celle-ci est la substance première, et dans celle-ci encore la substance simple et active. Or, l'un et le simple ne sont pas une même chose ; car l'un désigne la mesure et le simple la qualité (1). Le beau et le désirable en soi se rapportent à la même classe.

« est quod simul movet et movetur, utique immobile quoque sit necesse « est. » Cette interprétation a été adoptée par Philopon. Cependant nous croyons devoir la rejeter. Il nous semble qu'Aristote ne peut songer ici qu'à l'αὐτὸ ἑαυτὸ κινοῦν, et qu'il lui donne l'épithète de μέσον, parce qu'en effet c'est un terme moyen qui comprend les deux autres, puisqu'il est à l fois κινοῦν et κινούμενον. On peut s'en tenir à la ponctuation admise et à un sens raisonnable et très péripatéticien.

(1) Ceci est une remarque épisodique d'Aristote sur ἁπλῆ, une sorte de parenthèse, comme il s'en trouve toujours dans un livre non achevé. Alexandre d'Aphrodisée y voit davantage : « His verbis objectioni cuidam « occurrit, quæ hujusmodi est : si prima et immobilis substantia simplex « est, simplex autem est unum, substantia igitur immobilis una est. At « sunt aliæ immobiles substantiæ, ut ipse in hoc libro declarabit. Hanc « igitur dubitationem explicat dicens. »

Ce qui est le premier est toujours excellent absolument ou relativement. Or que ce qui est excellent en soi (1), la fin se trouve dans les choses immuables, c'est ce que montre cette distinction : si toutes les choses ont leur fin, il faut distinguer la fin absolue et celle qui ne l'est pas (2). Le premier

(1) Nous avons ajouté *ce qui est excellent en soi*, pour lier cette phrase à celle qui précède.

(2) La tradition alexandrine rapportait ἡ διαίρεσις à une division du livre *De bono*. Quelle était cette division? *Contrariorum reductionem*. D'abord il est fort douteux que le livre *De bono* existât encore séparément au temps d'Alexandre d'Aphrodisée, et surtout au temps de Philopon. Ensuite cette division n'éclaircit rien. Ne vaudrait-il pas mieux entendre ἡ διαίρεσις de τὸ μὲν ἔστι, τὸ δὲ οὐκ ἔστι? Il est dans le génie de la phraséologie d'Aristote de mettre en avant une chose qui ne sera claire que dans la phrase suivante. Dans ce cas, on aurait le sens le plus simple, sauf les difficultés dont nous parlerons tout à l'heure. La distinction dont Aristote veut parler est celle que donne la phrase qui suit, savoir, la distinction des causes finales en cause réelle ou absolue, et cause non réelle ou relative. Au moyen de cette distinction, il est clair que la vraie fin, la fin absolue, ne peut se trouver que dans les êtres absolus eux-mêmes, les êtres immuables. Reste la difficulté du τὸ μὲν ἔστι, τὸ δὲ οὐκ ἔστι, et nous ne pouvons nier que c'est un peu ajouter au texte que d'entendre comme s'il y avait τὸ μὲν ἔστι ἀληθῶς. Cependant Philopon a pensé comme nous. Il est vrai qu'Alexandre d'Aphrodisée donne un tout autre sens : « Id cujus gratia « id est quod est; quod vero est gratia hujus non est hoc quod illud, » ce qui veut dire que la fin d'une chose est distincte de cette chose, et qu'ainsi ce qui est mû en vue du bien n'est pas le bien. Mais puisque ce commentateur est contredit par Philopon, il est probable que son sentiment n'avait point été adopté dans l'école, et que Philopon aura suivi Simplicius, qu'il avait sous les yeux. Au reste, il ne faut pas oublier la conjecture de quelques critiques, que le commentaire des six derniers livres de la *Métaphysique*, attribué à Alexandre d'Aphrodisée, est réellement de Michel d'Éphèse.

moteur meut en tant qu'aimé, et ce qui est mû par lui donne le mouvement à tout le reste. Or, là où quelque chose est mue il y a possibilité de changement. De sorte que si le premier des mouvemens, le mouvement de translation existe, et qu'il soit non en puissance mais en acte, il y a déjà la possibilité du dernier des changemens, le changement de lieu, sinon le changement d'essence. Mais dès qu'il existe un être qui meut sans être mu lui-même, tout en étant en acte, alors il n'y a plus de possibilité qu'il subisse aucun changement. Car le mouvement de translation est le premier des des changemens, et le premier des mouvemens de translation est le mouvement circulaire. Or, c'est celui qu'imprime le premier moteur immuable. Il existe donc nécessairement. Mais, s'il est nécessaire, il est bon, et s'il est bon, il est principe. Le nécessaire peut s'entendre de différentes manières : ce qui contraint notre inclination naturelle, ou ce qui est la condition du bien, ou ce dont le contraire est absolument impossible (1).

Tel est le principe duquel dépendent le ciel et la nature. Il possède le bonheur parfait dont nous ne jouissons que par instans; il le possède conti-

---

(1) Nouvelle parenthèse de même nature que celle que nous avons signalée plus haut sur ἁπλῆ.

nuement, ce qui nous est impossible. Jouir pour lui c'est agir; et voilà pourquoi veiller, sentir, penser, est pour nous le plus grand plaisir, et par conséquent encore espérer et se ressouvenir. La pensée en soi est celle du meilleur en soi, et la pensée qui est le plus la pensée est celle de ce qui existe le plus. L'intelligence se pense elle-même dans la perception de l'intelligible, et elle devient intelligible par la réflexion et la pensée. De sorte que l'intelligence et l'intelligible sont une même chose; car l'intelligence est ce qui a le pouvoir de comprendre l'intelligible et ce qui est; et pour elle, posséder ce pouvoir, c'est l'exercer (1). C'est là le caractère de ce que l'intelligence paraît avoir de plus divin; et penser est le plus grand bonheur et ce qu'il y a de plus excellent.

Que Dieu jouisse éternellement de ce souverain bonheur dont nous n'avons que des éclairs, cela serait déjà admirable; mais il est plus admirable encore qu'il possède quelque chose de plus. Or, il le possède, et de cette manière : la vie est en lui; car l'action de l'intelligence est la vie. Dieu est cette action, et cette action prise en elle-même est sa vie parfaite et éternelle. Aussi nous disons que Dieu

(1) Ἐνεργεῖ δὲ ἔχων. Al. d'Aphrod. : « Est autem intellectus actu quasi « forma ejus intellectus qui potentia est. » Themistius : « Cum autem in- « telligit, intellectio ejus est actus ejus. »

est un animal éternel et parfait. De sorte que la vie et la durée éternelle et continue appartiennent à Dieu. Et c'est là Dieu.

Tous ceux qui, comme les Pythagoriciens et Speusippe, ne font pas du beau et du bien un premier principe, parce que, selon eux, les principes des végétaux et des animaux sont des causes et que le beau et le bien ne sont pas dans les causes, mais dans leurs effets, ceux-là n'ont pas une opinion juste; car la semence vient d'autres êtres parfaits qui lui sont antérieurs, et le premier être n'est pas une semence, mais un être parfait : c'est ainsi, par exemple, que l'homme est antérieur à la semence, non pas, il est vrai, l'homme qui est né de cette semence, mais celui dont elle provient.

Ainsi, il est démontré par tout ce qui a été dit qu'il y a une essence éternelle et immuable, distincte des choses sensibles. Il est démontré aussi que cette essence n'admet aucune étendue; mais qu'elle est simple et indivisible. En effet, elle meut éternellement. Or, rien de fini ne peut avoir une puissance infinie. Mais comme toute étendue doit être finie ou infinie, et que cette essence ne peut avoir une étendue finie, elle n'en a donc aucune; car il ne peut pas y avoir d'étendue infinie. En outre, cette essence n'admet ni modification ni changement; car tous les autres mouvemens sont postérieurs au mouvement dans l'espace que [cette essence n'admet pas (1)]. Il est évident que tout cela est de cette manière.

———

CHAPITRE VIII.

Si cette essence est une, ou s'il y en a plusieurs, et combien, c'est ce qu'il ne faut pas ignorer, et l'on doit se rappeler aussi les opinions des autres philosophes, afin de savoir qu'aucun d'eux, sur la question du nombre des premiers êtres, n'a rien dit de satisfaisant. La théorie des idées ne fournit sur ce sujet aucune considération qui s'y applique directement. Car les partisans des idées disent que les idées sont des nombres, et ils parlent des nombres tantôt comme s'il y en avait une infinité, tantôt comme s'il n'y en avait que dix. Pourquoi précisément ces dix nombres, c'est ce dont ils n'apportent aucune démonstration. Quant à nous, nous allons traiter ce sujet d'après ce qui a été déjà établi.

Nous avons reconnu que le principe des choses, le premier être est immuable en essence et ne peut être mû par accident, et qu'il produit le premier mouvement éternel et un. Mais comme il est nécessaire que ce qui est mû le soit par quel-

---

(1) Ajouté pour la clarté.

que chose, que le premier moteur soit immuable en soi, que le mouvement éternel soit produit par un moteur éternel et un mouvement unique par un moteur unique ; comme en même temps nous voyons qu'outre le premier mouvement de l'univers que nous avons démontré venir de l'être premier et immuable, il existe dans les planètes d'autres mouvemens éternels (car tout corps circulaire est éternel et incapable de repos, ce qui a été démontré dans la Physique), il faut que chacun de ces mouvemens soit produit par une essence immuable en soi et éternelle. En effet, la nature des astres étant une certaine essence éternelle, et ce qui meut étant éternel aussi et antérieur à ce qui est mû, il est nécessaire que ce qui est antérieur à une essence soit aussi une essence. Il est donc évident qu'autant il y a de planètes, autant il doit y avoir d'essences, éternelles de leur nature et chacune immobile en soi, et dépourvues d'étendue pour les raisons exprimées plus haut. Ainsi ces essences existent certainement ; l'une est la première, l'autre la seconde, dans un ordre correspondant au mouvement des astres entre eux, et il nous faut maintenant examiner quel est le nombre de ces mouvemens, d'après celle des sciences mathématiques qui se rapproche le plus de la philosophie, à savoir l'astronomie. Cette science en effet a pour objet de ses recherches une essence sensible, mais éternelle ; et les autres sciences n'ont pour objet aucune essence, témoin la science des nombres et la géométrie. Or, que les mouvemens soient plus nombreux que les choses mues, c'est ce qui est évident, même pour ceux qui n'ont pas approfondi ces matières. Car chacun des astres mobiles a plusieurs mouvemens. Quel est donc le nombre de ces mouvemens ? Nous rappellerons ici pour éclairer ce sujet les opinions de quelques mathématiciens, afin que l'on puisse se faire une certaine idée déterminée du nombre dont il s'agit. Du reste, nous ferons nous-mêmes les recherches convenables, et nous nous adresserons aussi à nos devanciers ; et si les hommes versés dans ces études présentent des opinions contraires aux nôtres, on devra tenir compte des deux opinions et s'en rapporter à la mieux prouvée (1).

(1) A moins de paraphraser le passage suivant, il est très difficile de le traduire avec clarté. Nous expliquerons les endroits les plus obscurs d'après Alexandre d'Aphrodisée, Simplicius et Philopon. Alexandre et Philopon se bornent, pour le système d'Eudoxe, à renvoyer à d'autres commentaires. Simplicius est plus complet ; il est vrai que nous n'avons pas ce qu'il a écrit sur la Métaphysique ; mais en développant le septième chapitre du second livre *de Cœlo*, il cite et commente le passage qui nous occupe. Saint Thomas se réfère entièrement à Simplicius, et le cite à plusieurs reprises. Quant aux historiens de l'astronomie, Bailli et Delambre, ils ne nous ont été d'aucun secours. Le premier semble avoir abrégé fort rapidement Simplicius ou plutôt saint Thomas ; le second mentionne à peine Eudoxe et Callippe.

Eudoxe plaçait le mouvement du soleil et celui de la lune chacun dans trois sphères, dont la première était celle des étoiles fixes, la seconde suivait le cercle qui passe par le milieu du zodiaque, la troisième celui qui est incliné dans la latitude des signes célestes. L'axe de la troisième sphère de la lune avait plus d'inclinaison que celui de la troisième sphère du soleil (1). Il plaçait le mouvement des planètes, pour chacune, dans quatre sphères, dont la première et la seconde étaient les

(1) Les commentateurs dont nous nous servons expliquent ainsi ce passage : Chaque planète avait un ciel à part composé de sphères concentriques, dont les mouvemens, se modifiant l'un l'autre, formaient les mouvemens de la planète. Le soleil et la lune avaient chacun trois sphères; la première était celle des étoiles fixes; elle tournait d'Orient en Occident en vingt-quatre heures et rendait raison du mouvement diurne. On n'avait pas encore découvert, dit saint Thomas, le mouvement d'Occident en Orient, qui est propre à ces étoiles. La deuxième sphère passait par le milieu du zodiaque; c'est le mouvement longitudinal du soleil, par lequel il tourne autour du pôle de l'écliptique en 365 jours 1/4, suivant le calcul d'Eudoxe. Enfin la troisième sphère tournait sur son axe, perpendiculaire à un cercle incliné à l'écliptique; elle écartait par conséquent le soleil de son mouvement longitudinal, en l'emportant dans la latitude du zodiaque; et en effet le soleil dévie de la route longitudinale, et s'éloigne plus ou moins des pôles de l'écliptique, ce qui produit les saisons. Enfin cette déviation est plus prononcée dans la lune que dans le soleil, ce qu'Aristote exprime en disant que l'axe de la troisième sphère de la lune est perpendiculaire à un cercle incliné à l'écliptique sous un plus grand angle; ou plus simplement, que l'axe de la troisième sphère de la lune a plus d'inclinaison que celui de la troisième sphère du soleil.

mêmes que celles de la lune et du soleil ; car la sphère des étoiles fixes entraîne tous les corps en mouvement, et celle qui est placée immédiatement au-dessous et qui se meut en suivant le cercle qui passe par le milieu du zodiaque, est également commune à tous ; la troisième sphère de chaque astre avait ses pôles dans le cercle qui passe par le milieu du zodiaque ; la quatrième se mouvait dans un cercle dont l'axe est incliné au cercle du milieu de la troisième sphère (1). Les pôles de la troisième sphère variaient pour chaque planète, mais ils étaient les mêmes pour Vénus et pour Mercure.

Callippe établissait de la même manière qu'Eudoxe les positions des astres, c'est-à-dire l'ordre de leurs distances respectives ; et quant au nombre des sphères, il s'accordait avec ce mathématicien pour Jupiter et pour Saturne ; mais il pensait que

---

(1) Suivant saint Thomas, la troisième sphère ayant ses pôles au milieu du zodiaque, aurait donné aux planètes trop de latitude ; la quatrième sphère est destinée à corriger l'influence de la troisième, et c'est pour cela que son axe est incliné au cercle du milieu, c'est-à-dire au plus grand cercle de la troisième sphère. Pour comprendre cette expression du plus grand cercle, il faut se figurer la sphère divisée en cercles non concentriques, et alors en effet le cercle du milieu sera le plus grand cercle. Mais dans quel sens faut-il faire la division ? Est-ce parallèlement ou perpendiculairement à l'axe de la troisième sphère ? C'est ce que saint Thomas ne dit pas.

si l'on veut rendre compte des phénomènes, il faut ajouter deux sphères au soleil et à la lune (1),

(1) Τῷ δὲ ἡλίου καὶ τῷ σελήνης δύο προσθετέας εἶναι. Devons-nous entendre par là que Callippe ajoutait deux sphères au soleil et deux à la lune, ou seulement deux sphères pour le soleil et la lune, c'est-à-dire une à chacun ? Alexandre d'Aphrodisée est pour ce dernier sentiment : « Quod « dicit Aristoteles (soli autem atque lunæ duas insuper sphæras addendas « esse censebat), perinde est ac si diceret, utrique singulas : nam cum Eu- « doxus soli et lunæ sphæras sex esse dixisset, Callippus vero octo, haud « dubie illis singulas adjiciebat. » Simplicius pense de même qu'Alexandre d'Aphrodisée : « Soli autem et lunæ putavit duas sphæras esse apponen- « das..... ut sint bis quatuor. » Saint Thomas adopte cette opinion en la rapportant à Simplicius. Mais Philopon pense différemment : « Callip- « pus autem soli duas alias adjiciebat, et lunæ duas alias, ut uterque « quinque haberet. » Il semblerait que Philopon insiste à dessein sur cette phrase pour montrer qu'il se sépare de l'opinion d'Alexandre d'Aphrodisée. Cependant, outre l'autorité de Simplicius, cette opinion a pour elle plusieurs considérations importantes : 1° Alexandre d'Aphrodisée se livre à plusieurs conjectures sur l'erreur de chiffres qu'il signale dans le texte, et il cite des hypothèses déjà proposées sur ce sujet : n'aurait-il pas plutôt recouru à l'explication que Philopon adopta dans la suite, et qui se présente si naturellement à l'esprit, s'il avait cru y trouver quelque probabilité ? 2° Alexandre d'Aphrodisée et Simplicius, mais le premier surtout, affirment que Callippe ne donnait que quatre sphères au soleil, et ils l'affirment de manière à faire penser que son système leur était connu par une autre voie. Il est vrai que du temps de Simplicius l'ouvrage de Callippe était déjà perdu, puisque Simplicius attribue à cette perte l'ignorance où l'on était alors des motifs pour lesquels Callippe avait proposé cette addition ; mais peut-être, en se plaignant de l'obscurité qui régnait sur ce point là, montre-t-il que le reste du système était mieux connu ? Cependant d'autres motifs et plus directs nous ont décidé pour l'opinion de Philopon : 1° Le texte lui-même. Il faut bien qu'il s'agisse de deux sphères pour le soleil et de deux sphères pour la lune ; car autrement, que signifierait cette opposition entre le soleil et la lune, et les autres pla-

et une à chacune des autres planètes. Si toutes ces sphères ensemble doivent rendre compte

nètes, τοῖς δὲ λοιποῖς τῶν πλανητῶν ἑκάστῳ μίαν. Cela veut dire évidemment que les autres planètes n'ont qu'une sphère, tandis que le soleil et la lune en ont chacun deux. 2° Aristote termine ce chapitre par une énumération des diverses sphères, et il pose d'abord huit sphères régulières d'une part et vingt-cinq de l'autre. Il est évident que les huit sphères appartiennent à deux astres, et les vingt-cinq autres à cinq astres. Mais quels sont ces deux astres qui n'ont que huit sphères? C'est le soleil et la lune, suivant Alexandre d'Aphrodisée, Simplicius et saint Thomas; c'est Jupiter et Saturne suivant Philopon. Or, ce ne peut être le soleil et la lune; car alors quelles seraient les cinq autres planètes ayant chacune cinq sphères? Suivant Eudoxe, Jupiter, Saturne, Mars, Mercure et Vénus ont chacun quatre sphères; Calippe s'accorde avec Eudoxe, comme le dit expressément le texte, pour Jupiter et pour Saturne, c'est-à-dire qu'il leur laisse à chacun quatre sphères seulement; et il ajoute une sphère à Mars, à Mercure et à Vénus, ce qui fait cinq sphères à chacun, en tout quinze sphères; il reste le soleil et la lune, pour compléter le nombre vingt-cinq que donne le texte. Il faut donc qu'ils aient chacun cinq sphères, comme le veut Philopon, et non pas quatre comme le veulent Alexandre et Simplicius; car quinze sphères d'une part et huit de l'autre ne donneraient que vingt-trois, tandis que les résultats du calcul de Philopon s'accordent avec ceux d'Aristote. 3° Aristote confirme encore l'opinion de Philopon d'une autre manière, lorsqu'il vient à énumérer les sphères mues en sens inverse. En effet, nous savons que ces sphères sont égales en nombre aux sphères régulières, moins une; et nous savons aussi que la lune n'a que des sphères régulières. Or, Aristote pose d'abord six sphères à mouvement inverse pour les deux premiers astres; cela suppose huit sphères régulières, c'est-à-dire quatre à chacun. Les deux premiers astres (et tous les commentateurs s'accordent sur ce point) sont Jupiter et Saturne. Restent donc, puisque la lune ne compte pas, quatre planètes, à savoir, le Soleil, Mars, Mercure et Vénus. Mars, Mercure et Vénus ont chacun cinq sphères régulières de l'aveu de tout le monde, c'est-à-dire quatre sphères à mouve-

des phénomènes, il est nécessaire qu'il y ait auprès de chaque planète, d'autres sphères en nombre égal, moins une, à celui des premières, et que ces sphères se meuvent en sens inverse des autres, pour maintenir toujours un point donné de la première sphère sur le même rayon que l'astre placé au-dessous; car c'est à cette condition seule que tous les mouvemens de l'univers seront expliqués par les mouvemens des planètes (1). Puis-

ment inverse; pour les trois, douze. Pour compléter le nombre seize donné par le texte, il faut de toute nécessité que la quatrième planète, qui est le soleil, ait aussi quatre sphères à mouvement inverse, c'est-à-dire cinq sphères régulières, comme le veut Philopon. 4° Enfin, après avoir énuméré toutes les sphères, Aristote en fait monter le nombre à cinquante-cinq, et il ajoute : Si de ce nombre on retranche les sphères que nous avons ajoutées au soleil et à la lune, il reste quarante-sept. Alexandre d'Aphrodisée, en faisant la soustraction, ne trouve que quarante-neuf, et il en conclut qu'il y a une erreur; seulement il ne sait s'il doit l'attribuer à Aristote ou à des copistes. Si on adopte le sens de Philopon, il faudra l'attribuer à Alexandre lui-même, qui, en n'ajoutant d'abord qu'une sphère au soleil et une à la lune, tandis que, suivant Philopon, il en fallait ajouter deux à chacun, se trouve nécessairement en arrière de deux unités. Le calcul de Philopon au contraire est, ici encore, très conforme à celui du texte; car Aristote a ajouté, d'une part, au soleil et à la lune quatre sphères régulières, de l'autre au soleil seulement quatre sphères à mouvement inverse, en tout huit sphères. Si de cinquante-cinq sphères on en retranche huit, il reste quarante-sept.

(1) Tous les commentateurs s'accordent à expliquer la nécessité de ces nouvelles sphères par les raisons suivantes : Chaque planète a le mouvement diurne, et ce mouvement est représenté dans chaque système par une sphère. Cette sphère est contenue dans les autres sphères, et influe sur leur mouvement. Or, comme chacune des autres sphères a un mou-

que les sphères dans lesquelles se meuvent les astres, sont huit d'une part et vingt-cinq de l'autre, et que, parmi elles, les seules qui n'aient pas de sphères mues en sens inverse sont celles de la planète qui se trouve placée au-dessous de toutes les autres (1), les sphères mues en sens inverse seront pour les deux premiers astres au nombre de six, celles des quatre astres suivans au nombre de seize, et le nombre total des sphères régulières et des sphères à mouvement inverse, sera de cinquante-cinq. Si l'on en retranche les mouvemens que nous avons attribués au soleil et à la lune, il restera en tout quarante-sept sphères.

Admettons donc que ce soit là le nombre précis

---

vement qui lui est propre, si elles reçoivent en outre et se transmettent mutuellement une autre impulsion, il en résultera que leur vitesse sera augmentée, et que la plus éloignée du centre se mouvra beaucoup plus rapidement que les autres. Mais les sphères extrêmes des différens systèmes sont presque en contact les unes avec les autres; la sphère extrême d'un premier astre communiquera donc ce mouvement trop précipité à la sphère extrême du système voisin, cette sphère à la sphère voisine du même système, celle-ci à une autre, de manière à accélérer le mouvement diurne, et à produire ainsi une perturbation complète. Il fallait remédier à cet inconvénient et corriger cette influence accélératrice par une influence contraire. De là l'intercallation entre les sphères d'un même système de ces nouvelles sphères dont le mouvement est en sens inverse; et comme la sphère la plus éloignée et la sphère la plus rapprochée du centre doivent avoir la même vitesse, ces sphères intermédiaires égalent le nombre des autres sphères, moins une.

(1) La planète placée au-dessous de toutes les autres est la lune.

des sphères, de sorte qu'il sera raisonnable d'admettre aussi qu'il y a un nombre égal d'essences et de principes impérissables et sensibles ; mais pour le démontrer, laissons-le à de plus habiles.

Maintenant, s'il ne peut y avoir aucun mouvement qui ne serve à mouvoir un astre, et qu'en même temps il faille croire que toute nature et toute essence incorruptible et absolue est la meilleure cause finale, il n'y aura pas d'autres natures que celles que nous avons énumérées, et il est nécessaire que ce soit là le nombre des essences éternelles ; car, s'il y en avait d'autres, elles produiraient des mouvemens, puisqu'elles sont les causes finales du mouvement ; mais il est impossible qu'il y ait d'autres mouvemens que ceux que nous avons énumérés : on le conclut légitimement du nombre des corps qui sont mus. En effet, si tout moteur existe à cause de l'objet mû, et que tout mouvement soit celui d'un objet mû, aucun mouvement ne peut être à cause de lui-même, ni à cause d'un autre mouvement, mais à cause des astres ; car si l'on admet qu'un mouvement ait pour fin un mouvement, celui-ci à son tour devrait avoir une autre fin : de sorte que, comme on ne peut aller ainsi à l'infini, la fin de tout mouvement sera quelqu'un des corps divins qui se meuvent dans le ciel. Mais il est évident qu'il n'y a qu'un ciel ; car s'il y a plusieurs cieux comme plusieurs hommes, le principe assigné à chaque chose sera un par l'espèce, et plusieurs par le nombre ; ainsi l'homme en général indique une espèce contenant plusieurs individus, Socrate au contraire est un. Mais toute pluralité numérique suppose la matière. Or, la première essence n'a pas de matière, car elle est une entéléchie (1). Le premier être, moteur et immuable, est donc un et par nature et numériquement. En conséquence ce qui est mû éternellement et continuement n'est aussi qu'un. Il n'y a donc qu'un ciel.

Une tradition venue de l'antiquité la plus reculée, et transmise à la postérité sous l'enveloppe de la fable, nous apprend que les astres sont des dieux, et que la divinité embrasse toute la nature. Tout le reste sont des mythes ajoutés pour persuader le vulgaire dans l'intérêt des lois et pour l'utilité commune. Ainsi on a donné aux dieux des formes humaines, et même on les a représentés sous la figure de certains animaux (2), et on a composé d'autres fables du même genre. Mais si on en dégage le principe pour le considérer seul, savoir, que les premières essences sont des dieux, on pensera que ce sont là des doctrines vraiment divines ; et que peut-être les arts et la philosophie

---

(1) Ἐντελέχεια, ce qui a en soi sa fin, qui par conséquent ne relève que de soi-même, et constitue une unité indivisible.

(2) Allusion à l'Egypte.

ayant été plusieurs fois trouvés et perdus, ces opinions ont été conservées jusqu'à notre âge, comme des débris de l'ancienne sagesse. C'est dans ces limites seulement que nous admettons ces croyances de nos ancêtres et des premiers âges.

CHAPITRE IX.

L'intelligence première est le sujet de quelques doutes : elle paraît bien ce qu'il y a de plus divin de tout ce que nous pouvons connaître; mais comment l'est-elle? Il y a là quelques difficultés. Si elle ne pense à rien, et si elle est comme un homme endormi, où serait sa dignité? et si elle pense, mais que le fond de son être soit autre chose que la pensée, son essence alors étant la pensée en puissance et non la pensée en acte, elle ne serait pas l'essence la meilleure, car c'est le penser qui fait son excellence. En outre, que son essence soit la pensée en puissance ou la pensée en acte, quel est l'objet de la pensée? ou elle se pense elle-même, ou elle pense quelque autre objet; si quelque autre objet, c'est toujours le même, ou tantôt l'un et tantôt l'autre. Or, importe-t-il, oui ou non, que cet objet soit ce qu'il y a de mieux ou la première chose venue, et n'y a-t-il pas certaines choses qui ne peuvent être les objets de sa pensée? Il est évident qu'elle pense à ce qu'il y a de plus divin et de plus excellent, et qu'elle ne change pas d'objet; car changer pour elle, ce serait déchoir; ce serait déjà tomber dans le mouvement. D'abord, si elle n'est pas la pensée en acte, mais la pensée en puissance, on pourrait dire que c'est une fatigue pour elle que la continuité de la pensée. Ensuite il est clair qu'il y aurait quelque chose de plus excellent que ce qui pense, à savoir ce qui est pensé; car l'acte de penser et la pensée sont encore, même quand on pense à l'objet le plus vil; de sorte que, pour éviter cela (et il est des choses qu'il vaut mieux ne pas voir que de les voir), il faut aller jusqu'à dire que la pensée en acte n'est pas encore ce qu'il y a de plus excellent. Dieu donc se pense lui-même, s'il est ce qu'il y a de plus puissant, et sa pensée est la pensée de la pensée. La science, la sensation, l'opinion et le raisonnement paraissent avoir toujours un objet différent d'eux-mêmes, si ce n'est par exception. De plus, si penser et être pensé sont différens, sous lequel de ces deux rapports Dieu sera-t-il l'être parfait? Car la pensée et son objet ne sont pas identiques. Ou bien est-ce que dans certains cas la science est la chose elle-même? Ainsi, dans les choses d'art, l'essence et la forme dégagées de la matière, et dans les sciences spéculatives la notion ou la pensée sont la chose même. Ce qui est pensé et ce qui pense, n'étant pas distincts, se confondent dans tout ce qui n'a pas de matière, et la pensée y est identique à son objet.

Reste encore une difficulté, c'est de savoir si l'objet de la pensée est un composé, et dans ce cas la pensée changerait pour parcourir les différentes parties du tout, ou si tout ce qui est immatériel est indivisible. Il est certains momens où l'intelligence humaine, comme toute intelligence qui tient à un composé, contemple son souverain bien, l'être parfait, différent d'elle-même, non pas successivement, mais d'une façon continue et indivisible. C'est de cette manière que la pensée divine se contemple elle-même éternellement (1).

(1) Le sens que nous avons adopté pour cette phrase paraît avoir été celui de l'école d'Alexandrie. En effet, Alexandre d'Aphrodisée le développe avec une entière confiance, et J. Philopon qui, avec Simplicius, avait suivi les leçons d'Ammonius le péripatéticien, loin de contredire cette opinion, la confirme pleinement. Nous n'avons pas osé résister à l'autorité de ces deux commentateurs réunis, qui nous représentent toute la tradition alexandrine. Nous sommes d'autant plus disposés à nous ranger à leur interprétation, que la plupart des objections que l'on peut diriger contre elle sont tirées de la langue grecque, dans laquelle les alexandrins sont plus compétens que nous. Néanmoins, nous ne devons pas taire les difficultés nombreuses que soulève le sens d'Alexandre et de Philopon.
1º On est forcé de supposer que les mots τὸ μὴ ἔχον ὕλην terminent une phrase, et qu'on entre de la manière la plus brusque dans la suivante,

CHAPITRE X.

Il faut chercher encore comment l'univers contient le souverain bien; si c'est comme quelque chose de séparé et d'indépendant, ou comme

sans aucune liaison apparente avec ce qui précède. 2° On retranche arbitrairement plusieurs mots dans la phrase ἢ ὅγε τῶν συνθέτων. 3° On force le sens des mots ἔν τινι χρόνῳ, en supposant qu'ils indiquent ces rares momens où l'intelligence humaine atteint l'intelligence divine, lorsqu'ils ont bien l'air de marquer simplement la condition de tout être qui tient à un composé, savoir, le développement dans le temps. 4° On fait de τὸ ἄριστον le complément de ἔχει, lorsqu'il paraît clairement en être le sujet et quand déjà ἔχει a pour complément τὸ εὖ; et cela pour supposer que ce second complément a le même sens que le premier, ce qui n'est guère admissible.

Ces difficultés sont graves; aussi avons-nous eu la pensée d'un autre sens que nous proposons ici au moins comme une conjecture :

« Reste encore une difficulté; c'est de savoir si l'objet de la pensée est un composé (et dans ce cas la pensée changerait pour parcourir les différentes parties du tout), ou si tout ce qui est immatériel est indivisible, comme, par exemple, la pensée humaine. Encore toute intelligence qui tient à un composé existe dans une certaine partie du temps. Or, l'être le plus excellent ne jouit pas de la perfection suprême dans telle ou telle portion de la durée; mais, tout différent en cela de l'esprit humain, il la possède dans une durée infinie, qui est pour lui comme un moment indivisible. C'est ainsi que la pensée divine se pense elle-même éternellement. »

Du reste ce passage d'Aristote paraît avoir embarrassé ses deux derniers éditeurs, puisqu'ils le ponctuent différemment. Brandis, p. 255, l. 24, et Bekker, p. 1075, l. 5.

l'ordre même de l'univers, ou des deux manières à la fois, comme une armée. En effet, le bien d'une armée, c'est l'ordre qui y règne, et son général, et surtout son général; car ce n'est pas l'ordre qui fait le général, c'est bien plutôt le général qui fait l'ordre. Il y a un ordre en toutes choses, poissons, plantes, oiseaux, mais un ordre différent. Rien n'est isolé, tout se tient, car tout est ordonné en vue de l'unité. Dans une famille, les hommes libres ont des fonctions déterminées; toutes les actions ou la plupart y sont réglées d'avance, tandis que les esclaves et les bêtes concourent pour une faible part à la fin commune, et leurs actions dépendent presque toujours du hasard. Oui, tout dans l'univers a nécessairement des fonctions distinctes dans un plan commun; et toutes choses se divisent, sous la condition de conspirer ensemble au même but (1).

Rappelons les absurdités et les contradictions où on tombe quand on s'écarte de cette doctrine, les systèmes qui ont l'air plus spécieux, et ceux qui présentent moins de difficultés.

―――

(1) Διακριθῆναι. Les différens commentateurs s'accordent à entendre par ce mot une division d'opérations qui ne nuit pas à la communauté du but. Alexandre d'Aphrodisée : « Dico autem hoc pacto, omnia ad
« segregationem venire necesse est, id est, necesse est ut natura quæque
« (de his enim, ut diximus, verba facit) ad discretionem veniat, id est
« ut alterum ex altero fiat. »

Tous les philosophes s'accordent à faire venir toutes choses des contraires; toutes choses, cela n'est pas; des contraires, cela demande explication; en outre, ces philosophes ne disent pas comment les choses où les contraires se trouvent, viennent des contraires. Mais les contraires ne peuvent agir l'un sur l'autre. Pour nous, nous évitons aisément cette difficulté en ajoutant aux deux contraires un troisième terme.

Les uns font de la matière même un des deux contraires, comme ceux qui opposent l'inégal à l'égal, la pluralité à l'unité. Ce système se réfute de la même manière; car la matière, considérée seulement en tant que matière, n'est le contraire de rien. De plus tout, excepté l'unité, participera du mal, puisque le mal lui-même est l'un des deux élémens.

D'autres ne font pas même des principes du bien ni du mal; cependant dans toutes choses le principe est le bien. Ceux qui l'admettent comme principe ont donc raison; mais ils ne disent pas comment le bien est principe, si c'est comme fin, ou comme moteur, ou comme forme.

Empédocle aussi est tombé dans une absurdité; car le bien pour lui, c'est l'amitié. Elle est principe comme moteur, car elle rassemble les élémens, et comme matière, car elle fait partie du mélange; mais s'il arrive à une même chose d'être principe à la fois comme moteur et comme matière, elle n'est pas la même dans son essence : lequel des deux constitue donc l'amitié? Une autre absurdité, c'est d'avoir fait la haine incorruptible, tandis qu'elle est l'essence du mal.

Anaxagore fait du bien un principe, le principe moteur; car l'intelligence meut. Mais elle meut par rapport à quelque chose; voilà donc un autre principe, à moins de rentrer dans notre système; car, pour nous, l'art de guérir, par exemple, est d'une certaine façon la même chose que la santé. On peut aussi reprocher à ce système de ne pas donner de contraires au bien et à l'intelligence.

De plus, on verra que tous ceux qui posent les contraires comme principes ne peuvent s'en servir dans l'application, à moins que quelqu'un ne vienne leur en fournir le moyen (1). Et pourquoi ceci est périssable, et cela non, personne ne le dit; car ils tirent toutes choses des mêmes principes.

En outre, quelques-uns font venir ce qui est du non-être; d'autres, pour échapper à cette nécessité, réduisent tout à l'unité. Ensuite, personne ne dit

---

(1) C'est le sens d'Alexandre d'Aphrodisée qui a lu : Ἐὰν μὴ ῥαθυμήσῃ τις. On pourrait aussi lire avec Brandis et plusieurs manuscrits : ῥυθμίσῃ. On ne peut se servir des contraires comme principes, à moins que quelqu'un ne mette l'harmonie entre ces contraires. Et comment y mettre cette harmonie? En plaçant au-dessus d'eux un principe qui lui-même n'a pas de contraires.

pourquoi il y aura toujours génération, et quelle est la cause de la génération.

Quant à ceux qui posent deux principes, il faut qu'ils en admettent un autre plus puissant. De même les partisans des idées doivent admettre un principe supérieur aux idées; car qui a produit et produit encore la participation des choses aux idées? Et pour les autres, ils sont forcés de donner un contraire à la philosophie et à la science la plus élevée, tandis que nous ne le sommes pas; car le premier être n'a pas de contraire. En effet tous les contraires ont une matière et ne sont qu'en puissance. L'ignorance, le contraire de la science, impliquerait un objet contraire de l'objet de la science [qui est le premier être (1)]. Or, le premier être n'a pas de contraire.

Enfin, si l'on admet qu'il n'y a rien au-delà des choses sensibles, il n'y aura plus ni principe, ni règle, ni génération, ni ordre céleste, mais une série de principes à l'infini, comme dans tous les systèmes de théologie et de physique.

Si on admet les nombres et les idées, elles ne sont causes de rien, ou du moins elles ne sont pas causes du mouvement. Puis, comment de la non-étendue viendra l'étendue et le continu, car le nombre ne produira le continu, ni comme mo-

---

(1) Ajouté pour la clarté.

teur ni comme essence? Et on ne peut pas faire d'un contraire le principe de l'action et du mouvement; car ce principe pourrait ne pas être. Dès-lors l'acte est postérieur à la puissance; les êtres ne seront donc pas éternels; or, ils le sont; il faut donc abandonner l'hypothèse des contraires. Nous avons dit comment.

En outre, par quel principe les nombres, ou l'ame, ou le corps, ou en général toute essence est une, personne ne le dit et personne ne peut le dire, à moins de rapporter comme nous ces effets à une cause motrice.

Enfin ceux qui prennent le nombre mathématique pour premier être, et, dans ce point de vue, isolent chaque existence, et établissent pour chacune des principes particuliers, font du monde entier une suite d'épisodes; car alors peu importe pour une essence qu'une autre existe ou n'existe pas; et de plus leurs principes sont multipliés. Mais le monde ne veut pas être mal gouverné :

« *Le commandement de plusieurs ne vaut rien ; il ne faut qu'un maître* (1). »

(1) Homère, Iliade, B., 204.

APPENDICE

SUR

LA THÉORIE DES IDÉES.

Le premier livre de la Métaphysique se termine, comme on l'a vu, par une critique longue et détaillée de la théorie des idées ; et la fin du douzième livre est encore pleine de cette critique. Partout et à toute occasion Aristote revient sur ce grand sujet pour en discuter les différentes faces : il ne substitue jamais à la théorie de Platon une autre théorie sans rendre compte de cette substitution, et sans la justifier par une réfutation plus ou moins étendue de la doctrine de son maître. Il m'a donc semblé utile de recueillir ici toutes ces critiques partielles, pour en éclairer l'histoire de cette célèbre polémique.

L'habitude où est Aristote de combattre souvent Platon sans le nommer, et la difficulté de distinguer ce qui ne tombe que sur Platon, de ce qui tombe sur ses disciples tels que Speusippe et Xénocrate, rend cette tâche assez délicate. Nous indiquerons au moins les passages où Platon est le mieux désigné : sans nous interdire non plus de mentionner quelques allusions à d'autres parties du système général de Platon, étroitement liées à la théorie des idées.

Les citations se rapportent toutes à la grande édition de Bekker, Berlin, 1831.

MÉTAPHYSIQUE.

LIVRE PREMIER (A).

Chap. VI, page 987 col. A lig. 29. Exposition du système de Platon.

Chap. VIII, p. 990 A 29. Distinction par Platon de plusieurs espèces de nombres.

Chap. IX, p. 990 A 35. Réfutation du système de Platon.

LIVRE III (B).

Chap. I, p. 995 B 13. Les êtres mathématiques intermédiaires entre les idées et les choses.

Chap. I, p. 996 A 4. L'un et l'être sont-ils des essences à part ?

Chap. II, p. 997 A 34. Argument contre les idées et les nombres de Platon.

Chap. III, p. 998 B 7. Les idées peuvent-elles être causes ?

Chap. IV, p. 1001 A 4. L'un et l'être sont-ils des essences ?

Chap. VI, p. 1002 B 12. Quelle est la différence qui distingue les nombres des idées ?

LIVRE V (Δ).

Chap. XI, p. 1019 A 2. Ce que Platon entend par ces mots τὸ πρότερον καὶ τὸ ὕστερον.

LIVRE VIII (Z).

Chap. II, p. 1028 B 18. Idées. — Nombres mathématiques. — Choses sensibles.

Chap. VI, p. 1031 A 28. Réfutation de la doctrine des idées.

Chap. VIII, p. 1033 B 26. Les idées ne produisent rien. Elles ne servent à rien comme παραδείγματα.

Chap. X, p. 1033 B 23. L'universel n'existe pas comme essence. Comment existent les universaux.

Chap. XI, p. 1036 B 7. Les nombres et les idées.

Chap. XIII, p. 1038 B 8. L'universel n'existe pas comme essence.

Chap. XIV, p. 1039 A 24. Argument contre la théorie des idées.

Chap. XV, p. 1040 A 8. Idem.

Chap. XVI, p. 1040 B 16. Ni l'un ni les idées ne peuvent être principes.

LIVRE VIII (H).

Chap. I, p. 1042 A 22. Des idées et des nombres mathématiques.

Chap. VI, p. 1045 A 14. Argument contre les idées.

Chap. VI, p. 1045 B 7. Id.

LIVRE IX (Θ).

Chap. VIII, p. 1050 A 34. Argument contre les idées.

LIVRE X (I).

Chap. II, p. 1053 B 9. Sur l'un.

Chap. V, p. 1055 A 30. Sur les deux principes de Platon, comme contraires l'un de l'autre.

Chap. X, p. 1059 A 10. Argument contre les idées.

LIVRE XI. (K).

Chap. I, p. 1059 B 34. Argument contre les idées.

Chap. II, p. 1060 A et B. Polémique contre les idées. Tout le chap.

Chap. XI, p. 1066 A 10. L'inégal l'un des principes de Platon.

Chap. X, p. 1066 B 1. L'ἄπειρον ne peut exister à part.

LIVRE XII (Λ).

Chap. I, p. 1069 A 26 et 34. Comment Platon a été conduit à prendre les universaux pour principes.

Chap. III, p. 1070 A 18. Les idées ne peuvent servir pour expliquer ce qui est.

Chap. IV, p. 1070 B 7. L'un n'a pas d'élément.

Chap. VI, p. 1071 B 15. Les idées sont-elles éternellement en acte? cf. infra p. 1071 B 32, et du Ciel, liv. 3, chap. 2, p. 300 B 16.

Chap. VIII, p. 1073 A 17. Argument contre les nombres idéaux.

Chap. X, p. 1075 A 27. Argument contre les deux principes de Platon, en tant qu'ils sont des contraires.

Chap. X, p. 1075 B 11, 18 et 27. La théorie des idées n'explique pas ce qui est.

LIVRE XIII (M).

Chap. IV, p. 1078 B 9.
Chap. V, p. 1079 B 12.
} cf. A, chap. 5 et 8.

Chap. VII, p. 1080 B 37.
Chap. VIII, p. 1083 A 17.
Chap. IX, p. 1085 A 23.
} Polémique contre les nombres idéaux.

LIVRE XIV (N).

Chap. I, p. 1087 B 4. Principes de Platon, l'égal ou l'inégal.

Chap. II, p. 1090 A 2 et 16. Polémique contre les nombres idéaux.

Chap. III, p. 1090 B 20. Inutilité du nombre comme principe.

PHYSIQUE.

LIVRE PREMIER.

Chap. III, p. 187 A 1. Réfutation de cette opinion de Platon que l'un et l'être sont identiques.

Chap. IV, p. 187 A 12. Principes de Platon, l'un et la dyade indéfinie.

Chap. VI, p. 189 B 8. Id.

LIVRE II.

Chap. II, p. 193 B 35. Les idées en tant que χωριστά. Réfutation.

LIVRE III.

Chap. IV, p. 203 A 1. Le principe indéterminé de Platon, τὸ ἄπειρον.

Chap. VI, p. 206 B 24. Comment le μεγὰ καὶ μίκρον est indéfini.

LIVRE IV.

Chap. II, p. 209 B 11. Identité du lieu et de la matière, cf. ib. liv. 34.

LIVRE VIII.

Chap. I, p. 251 B 17. Réfutation de cette opinion de Platon, que le temps a commencé.

TRAITÉ DE L'AME.

LIVRE PREMIER.

Chap. II, p. 404 B 16. Pourquoi et comment Platon divise l'ame en élémens?

Chap. III, p. 406 B 25. Comment l'ame meut le corps, suivant Platon.

Chap. V, p. 409 B 4. Réfutation de cette opinion de Platon que l'ame est un nombre.

LIVRE III.

Chap. VIII, p. 431 B 28. L'idée dans l'esprit.

MORALE A NICOMAQUE.

LIVRE PREMIER.

Chap. II, p. 1095 A 32. Platon distingue deux méthodes : celle qui va des principes aux choses, *et vice versa*.

Chap. IV, p. 1096 A 11. Réfutation de l'idée du bien, et en général de la théorie des idées.

GRANDE MORALE.

LIVRE PREMIER.

Chap. I, p. 1182 A 23, et B 7. De l'idée du bien et des idées en général.

MORALE A EUDÈME.

LIVRE PREMIER.

Chap. VIII, p. 1217 B]1. Idée du Bien. De la μέθεξις.

ANALYTIQUES PREMIÈRES.

LIVRE II.

Chap. XXI, p. 67 A 21. La réminiscence de Platon.

ANALYTIQUES SECONDES.

LIVRE PREMIER.

Chap. I, p. 71 A 29. La réminiscence de Platon.
Chap. XI, p. 77 A 5. Comment il faut admettre l'universel.
Chap. XXII, p. 83 A 50. Réfutation de la théorie des idées.

TOPIQUES.

LIVRE II.

Chap. VII, p. 113 A 25. Réfutation de la théorie des idées.

LIVRE VII.

Chap. X, p. 148 A 14. Réfutation de la théorie des idées.

TRAITÉ DE LA GÉNÉRATION ET DE LA CORRUPTION.

LIVRE PREMIER.

Chap. II, p. 315 A 26. Platon n'explique pas la génération des élémens déterminés, les os, la chair.

Ib. p. 315 B, 29. Suivant Platon, tout solide se résout en plan, et un plan est indivisible. Réfutation.

Chap. VIII, p. 325 B 25. — Id.

LIVRE II.

Chap. I, p. 329 A 11. Réfutation de l'opinion de Platon qui fait de l'ἄπειρον un principe, et qui résout les corps en plans indivisibles.

Chap. III, p. 330 B 15. Platon admet trois élémens, au lieu de quatre. cf. chap. 5, p. 332 A, 29.

Chap. IX, p. 335 B 7. Les idées ne peuvent pas être les causes de ce qui est.

DU CIEL.

LIVRE PREMIER.

Chap. X, p. 280 A 28. Pour Platon, une chose qui a commencé peut ne pas finir. Ainsi le ciel.

Chap. I, p. 299 B 31. Dans le système de Platon, on ne peut rendre compte de la pesanteur.

Chap. II, p. 300 B 16. Pour Platon, le monde n'est pas éternel comme monde. Réfutation.

Chap. VIII, p. 306 B 16. La matière de Platon, τὸ πανδεχές.

POLITIQUE.

LIVRE II.

Chap. IV, p. 1262 B 7. Réfutation du principe de l'unité et de la *République* de Platon.

TABLE DES MATIÈRES.

	Pages.
Avertissement.	i
Rapport.	1
Traduction du Ier livre de la Métaphysique.	121
Traduction du XIIe livre.	179
Appendice sur la theorie des idées.	223

www.ingramcontent.com/pod-product-compliance
Lightning Source LLC
Chambersburg PA
CBHW060118170426
43198CB00010B/947